大宇宙意識（無限）と
異星人エロヒム

竜宮音秘

人類は、異星人エロヒムを
「神」と間違えた！

はじめに

『大宇宙意識（無限）と異星人エロヒム』という本書のタイトルを最初にご覧になった時、どのような印象を受けられたでしょうか？

なんだか変なタイトルの本だな、と感じられた方も多いかも知れません。

しかし、**「大宇宙意識（無限）と異星人エロヒム」というのは、私たち人類が、有史以来数千年もの長い間、神という概念について混同してきた、神を表す二つの本質的な言葉なのです。**

神という言葉から、人々は、どのようなイメージを想像するでしょうか？

多くの人たちは、無形で超自然で全知全能の存在、言わば、**大宇宙の根本主体、大宇宙の根本創造主のような存在**をイメージするかも知れません。

また一方では、人々は、**日本の神話に登場するような、様々な神々**を想像するかも知れません。

神道というのは、八百万神《やおよろずのかみ》を信仰する多神教であり、古事記などの神代の神話には、私たちと同じように姿・形を持ち、感情を持った、人間味溢れる様々な神々が登場します。

例えば、国生みをされたイザナギとイザナミの夫婦神、そして、二神から生まれたアマテラスやスサノオなど、様々な神々が登場します。

日本の神話だけではなく、ヒンズーの神話や、ギリシャ神話など、世界各地の神話には、人間味溢れる様々な神々が登場します。

また、神という言葉は使いませんが、仏教においても、私たち人間と同じような姿・形を持ち、慈悲深い表情をした仏像などで、仏を表現しており、中には、不動明王などのように、憤怒の相の仏像などもあります。

このように、私たちが一般的に、神という言葉を使う時、二つの概念が混同して使われていることに、お気付きになるかと思います。

一つは、**無形で超自然で全知全能の、唯一絶対の至高の存在、言わば、大宇宙の根**

本主体・根本創造主に対して使われています。

この存在を表している言葉が、本書のタイトルにおける、「**大宇宙意識（無限）**」という言葉なのです。

そしてもう一つ、神を表す概念として、**私たち人間と同じように姿・形を持ち、私たち人間と同じように感情を持ち、私たち人間とかつて直接関わりのあったような存在としての神々、神話に登場するような神々**という概念があります。

この存在たちを表している言葉が、本書のタイトルにおける、「**異星人エロヒム**」という言葉になります。

実は、何千年もの長い間、**私たち人類は、神というものについて、この二つの概念を混同してきた**のです。

世界の主な宗教の源は一つであり、旧約聖書の『創世記』に出てくる存在たちが、そのルーツとなっています。

聖書においては、神（ＧＯＤ）と訳されています。

しかし、聖書における神（ＧＯＤ）という言葉は、誤訳なのです。

聖書において神（ＧＯＤ）と訳されている元々の原語は、ヘブライ語のエロヒムという言葉であり、「天空から飛来した人々」を意味する、れっきとした複数形なのです。

単数形が、エロハという言葉になります。

『創世記』の中で、「神は御自分にかたどって人を創造された」と書かれているとおり、聖書における神（ＧＯＤ）とは、私たち人間と同じような姿・形をした存在たちなのです。

無形の超自然の全能の神が、『創世記』における天地創造を行った訳ではなく、エロヒムという「天空から飛来した人々」、即ち、他の惑星からやって来た異星人たちによって、科学的に天地創造が行われたことを『創世記』は伝えていますので、実は、聖書というのは、世界最古の「無神論」の書なのです。

聖書における神（ＧＯＤ）という言葉は、史上最大の誤訳だと言っても過言ではないかも知れません。

世界の主な宗教の源は一つであり、『創世記』において神（ＧＯＤ）と訳されている存在たちが、そのルーツとなっています。

しかし、『創世記』における神（ＧＯＤ）という言葉は誤訳なので、**聖書における神（ＧＯＤ）とは、ヘブライ語の原語で「天空から飛来した人々」を意味する、エロヒムという異星人たちのこと**なのです。

つまり、世界の主な宗教に登場する神とは、「異星人エロヒム」のことなのです。

無形で超自然で全知全能の、唯一絶対の存在、即ち、「大宇宙意識（無限）」のことが語られている訳ではありませんので、誤解しないように注意する必要があります。

宗教で語られている神とは、あくまでも、人類の創造者である「異星人エロヒム」のことなので、大宇宙の根本主体・根本創造主である「大宇宙意識（無限）」のことが語られている訳ではありません。

また、『創世記』を始め、日本の古事記や、世界各地の様々な神話には、天地開闢物語、宇宙開闢物語が登場します。

しかし、これらの全てはあくまでも、**地球から見た天地創造であり、地球にとっての天地開闢物語、宇宙開闢物語なので、「無限」の大宇宙そのものの宇宙開闢が語られている訳ではありません**ので、誤解しないように注意する必要があります。

『創世記』に書かれている天地創造が、他の惑星からやって来た人間たち、即ち、エロヒムという異星人の科学者たちによって、科学的に創造されたということは、**科学が発達した現代になるまでは、理解することは出来ませんでした。**

しかし、今や私たちは、真実が啓示される時代、アポカリプス（黙示録）の時代を迎えていますので、**全てを科学的に理解可能な時代を迎えている**のです。

無知蒙昧な神秘主義に陥ることなく、全てを科学的に理解し、真実を知るべき時を迎えています。

科学と宗教とは、対立する概念のように捉えられるきらいがありますが、実は、科学と宗教とは、同じ母親から生まれた兄弟のようなものなのです。

エロヒムは、今の地球の科学よりも二五〇〇〇年も進んだ高度な科学を持っており、

この科学の力が、地球での生命創造を可能にしたものなので、科学と宗教とは、決して対立する概念ではなく、同じ母親から生まれた兄弟のようなものなのです。

私たち人類も、今や、宇宙ロケットを飛ばして、有人・無人での様々な宇宙探査を試みるとともに、遺伝子（ＤＮＡ）の解読に成功し、クローン技術も獲得するなど、生命を創造出来るような科学力を身に付けてきています。

火星への移住計画なども進められており、アメリカ航空宇宙局（ＮＡＳＡ）を始め、民間レベルでもプロジェクトが進められている時代を迎えています。

また、まだまだ先になりますが、「火星テラフォーミング」と言って、火星そのものに大気を作り、人類が住めるような惑星に作り変えてしまおうという、「地球化」、「惑星化」のプロジェクトまで取り沙汰されるような時代を迎えているのです。

地球の科学が、今よりももっと高度に進歩すれば、何れ私たち人類も、他の惑星に行って、生命創造の実験を試みるようになることは、容易に想像出来るのではないでしょうか？

世界の宗教で語られている神というのは、あくまでも、非常に高度な文明を持った、**「異星人エロヒム」のことなので、大宇宙の根本主体・根本創造主である「大宇宙意識（無限）」とは、分けて考える必要があります。**

そして、人類の創造者エロヒムが持っている唯一の宗教が、「無限」の宗教なのです。

エロヒムによれば、大宇宙というのは、時間においても空間においても「無限」なのであり、「無限」の大宇宙そのものへの畏敬の念、崇敬の念というものを、エロヒムは持っています。

「無限」の大宇宙そのものへの信仰心を、仮に、宗教という言葉で表現するとすれば、「無限」の宗教ということになるかと思いますが、**私たち人類にとっての「神」であるエロヒムが崇敬しているのが、「無限」の大宇宙そのもの、言わば、「無限」なのです。**

時間においても空間においても「無限」である、「無限」の大宇宙を生み出したのは、一つの**「純粋意識」**なのです。

本書においては、便宜上、**大宇宙意識**と呼んでいます。

大宇宙の根本主体であり、大宇宙の根本創造主である大宇宙意識とは、唯一にして絶対、至高の存在であり、全知全能の「無限」の「想像力＝創造力《そうぞうりょく》」を持った、一つの「純粋意識」なのです。

物理的大宇宙の全ては、大宇宙意識が「想像＝創造《そうぞう》」したものなのです。

私たち人類は、長い間、地球の全生命を創造した**「異星人エロヒム」**と、エロヒムが信仰している唯一の対象である「無限」の大宇宙そのもの、即ち、**「大宇宙意識（無限）」**とを、混同してきました。

時間においても空間においても「無限」である大宇宙そのもの、即ち、「大宇宙意識（無限）」と、地球の全生命の創造者にしか過ぎない「異星人エロヒム」とを、混同してきたのです。

人類が混同してきた、神についての二つの概念を、明確に分けて考えるべき時を迎えています。

自然という言葉が使われる時、無数の銀河や、太陽・月・星、母なる星・地球、海、大陸（大地）、植物、動物、私たち人間まで含めて、**全てを「自然」と表現していますが、実際には、大陸（大地）と、植物・動物、そして私たち人間は、「異星人エロヒム」によって科学的に創造されたのだということを理解する必要があります。**

「無限」の大宇宙そのものである**「大宇宙意識（無限）」**と、地球の全生命の創造者にしか過ぎない**「異星人エロヒム」**とを、明確に分けて考えるべき時を迎えています。

本書『大宇宙意識（無限）と異星人エロヒム』は、人類が長い間混同してきた、神についての二つの概念を、明確に分けて理解する上で、とても有益な書となる筈です。

本書をお読みいただき、神についての二つの概念を、明確に分けて理解する一助としてご活用いただければ、これに勝る喜びはございません。

竜宮音秘

目次

大宇宙の根本創造主は大宇宙意識（無限）……141

地球の全生命の創造者は
異星人エロヒム

神について人類が犯してきた誤り

私たち人類は長い間、神という概念について、大きな誤りを犯してきました。神というものを、不可視的で超自然の、全知全能の存在と崇めて、全能の神を恐れる一方、全能の神に祈り、願い事をし、縋り、救いを求めてきました。

無形で超自然の全知全能の神が、私たちの祈りや願いを聞き入れてくれて、私たちに同情し、愛や慈悲の心で助けや救いを与えてくれると信じてきました。

また、その一方では、神は私たちの悪い行いに対しては、天罰や不幸を与えると考え、全能の神の怒りを恐れてきました。

全知全能の神というものが、私たちの一挙手一投足に対して、いちいち助けや救いを与えてくれたり、天罰を下したりするかのような勘違いをしてきました。

人類は、全知全能の神というものを擬人化してしまい、人々の苦しみに同情して愛や慈悲の心で願いを聞き入れてくれたり、人々の悪行に怒って天罰を下したりするような、私たち人間と同じような小さな存在にしてしまいました。

しかし、時間においても空間においても「無限」の大宇宙そのもの、即ち、「大宇宙意識（無限）」とは、私たち人間の願いを叶えてくれたり、私たちに天罰を下したりするような存在などでは全くなく、私たち人間に対して「永遠に無関心」なのです。

大宇宙の根本主体であり、大宇宙の根本創造主である**「大宇宙意識（無限）」とは、神という概念を遥かに超えた、もっとスーパーな存在**なのです。

この点については、次の「大宇宙の根本創造主は大宇宙意識（無限）」編にて、詳しく解説したいと思います。

そして、人類が神について犯してきたもう一つの誤りは、「無限」の大宇宙そのものである「大宇宙意識（無限）」と、地球の全生命の創造者にしか過ぎない「異星人エロヒム」とを、混同してきたことなのです。

神についての二つの概念を混同してきたことなのです。

世界の主な宗教で語られている神とは、あくまでも、地球の全生命の創造者である「異星人エロヒム」のことなのですが、私たち人類は長い間、エロヒムのことを、不可視的で超自然の全知全能の存在と勘違いするという、誤りを犯してきたのです。

自然には、二種類の自然がある

自然という言葉が使われる時、無数の銀河や、太陽・月・星、母なる星・地球や、海、大陸（大地）、植物、動物、私たち人間まで含めて、全て「**自然**」という言葉で表現されますが、**実際には、自然には、二種類の自然があります。**

地球の大陸（大地）と、植物、動物、そして私たち人間は、異星人エロヒムが科学的に創造したものなのです。

地球の全生命の創造者は、異星人エロヒムなのです。

エロヒムは、地球という惑星そのものを創造した訳ではなく、あくまでも、今ある大陸（大地）と、植物、動物、そして、私たち人間を科学的に創造したに過ぎないのですが、このことは、科学が発達して、科学的に全てが理解可能な時代、即ち、現代を迎えるまでは、理解出来なかったのです。

真実が啓示される時代、アポカリプス（黙示録）の時代である、現代を迎えるまでは、理解不能だったのです。

アポカリプス（黙示録）の時代——真実が啓示される時代

アポカリプス（黙示録）の時代とは、真実が啓示される時代ということです。

何の真実かと言えば、**地球の全生命がどのようにして創造されたのか**についての真実であり、**聖書に書かれている内容**についての真実であり、**聖書に書かれている神という存在**についての真実なのです。

このことは、私たち人類がある一定水準の科学的レベルに到達するまでは理解出来ないので、明かされませんでした。

また、私たち人類が核兵器を開発した為に、広島と長崎に投下される事態を招き、自ら自己破滅しかねないような危険な科学的水準に到達した為に、明かされる時を迎えたのです。

アポカリプス（黙示録）の時代とは、あらゆる物事が科学的に理解可能になる時代のことであり、それは即ち、私たちが今生きている現代のことなのです。

聖書における神とは、エロヒムという「天空から飛来した人々」

世界の主な宗教の源は一つであり、地球の全生命を創造した存在たちの世界が、そのルーツとなっています。

聖書においては、神（ＧＯＤ）と訳されています。

しかし、聖書において訳されている**神（ＧＯＤ）という言葉は、誤訳**なのです。

聖書において神（ＧＯＤ）と訳されている元々の原語は、ヘブライ語のエロヒムという言葉になります。

エロヒムとは、ヘブライ語で「天空から飛来した人々」という意味の言葉であり、れっきとした複数形なのです。

単数形が、エロハになります。

イスラム教における唯一絶対神アラーとは、このエロハという言葉から来ています。

イスラム教における唯一絶対神アラーとは、ユダヤ教における唯一絶対神ヤーウェのことであり、同じ存在のことなのです。

当時の人々が、ヤーウェを崇拝するあまり本当の名前を出すのは畏れ多いと考え、固有名詞ではなく普通名詞のエロハと呼んでいたことから来ているようです。

ヤーウェとは、イエス・キリストが「天の父」と呼んだ存在のことでもあります。**世界の主な宗教の源は一つ**なので、ユダヤ教における唯一神ヤーウェとは、イエス・キリストが「天の父」と呼んだ存在のことであり、イスラム教においては、唯一神アラーと呼ばれている、同じ存在のことなのです。

とにかく、聖書において神（ＧＯＤ）と訳されている元々の原語は、ヘブライ語のエロヒムという言葉であり、**「天空から飛来した人々」**を意味する、れっきとした複数形なのです。

「天空から飛来した人々」、つまり、「他の惑星からやって来た人間たち」によって天地創造が行われたことを、聖書は伝えているのです。

旧約聖書の『創世記』に**「神は御自分にかたどって人を創造された」**と書かれているとおり、聖書における神とは、私たち人間と同じような姿・形を持った存在たちなのです。

無形の超自然の全能の神が地球の全生命を創造した訳ではなく、「天空から飛来した人々」によって、地球の全生命は科学的に創造されたのです。

「天空から飛来した人々」を意味するエロヒムというヘブライ語が、いつの間にか、神（ＧＯＤ）という言葉に誤訳されてしまい、無形の超自然の全能の神という概念にすり替わってしまったのです。

聖書における神（ＧＯＤ）という言葉は、史上最大の誤訳

無形の超自然の全能の神により天地創造が行われたという概念は、**「天空から飛来した人々」**を意味するエロヒムというヘブライ語が、いつの間にか、神（ＧＯＤ）と誤訳されてしまったことによるものなのです。

旧約聖書には、**「天空から飛来した人々」を意味するエロヒムという言葉が、二三〇〇回以上出てくる**ようですが、英語のＧＯＤに当たるような、神を意味する言葉は出て来ないそうです。（ヤーウェを意味する言葉は約六五〇〇回出てくるそうです。）

聖書における神（ＧＯＤ）という言葉は、史上最大の誤訳だと言っても過言ではありません。

無形の超自然の全能の神が天地創造を行った訳ではなく、他の惑星からやって来た、私たちと同じ人間たちの手で科学的に天地創造が行われたことを聖書は伝えていますので、実は、**聖書とは、世界最古の「無神論」の書**なのです。

『創世記』に書かれた天地創造の真実とは

それでは、**「天空から飛来した人々」**であるエロヒムとはどのような存在であり、どのようにして彼らの手で天地創造が行われ、そして、聖書に書かれている真実とは何だったのでしょうか？

これらについては、世界的なベストセラーになった、クロード・ボリロン・ラエルの著書『真実を告げる書』の中に書かれていますので、既にご存知の方も多いかも知れません。

『真実を告げる書』の中には、エロヒムのリーダーであるヤーウェからラエルに伝えられた、聖書についての真実、天地創造についての真実が書かれています。

ここでは、『真実を告げる書』と、ラエルの『異星人を迎えよう』の中から要点だけをご紹介させていただきますので、まだご存知でない方は、一読されることをお勧め致します。（二冊合併版の邦題『地球人は科学的に創造された』無限堂）

エロヒムの惑星は、私たちの太陽系とは別の太陽系にあり、**今の地球の科学よりも**

遥かに進んだ、高度な文明を持っています。

かつて、エロヒムの惑星においては、高度な遺伝子工学技術によって、**実験室で遺伝子（ＤＮＡ）を合成**し、人工生命の創造を行う実験に熱中していました。

しかし、科学者たちが奇妙な小動物を創造する段階まで達した時、社会に危害をもたらすような怪物を生み出す恐れがあった為、世論も惑星政府も、科学者たちがそれ以上実験を進めることを禁止しました。

一方、人工生命の創造と並行して、他の惑星や銀河系の探査も進められていきましたので、科学者たちは、彼らの実験を続けるのに必要な条件をほぼ兼ね備えた惑星を探査していきました。

そして、エロヒムの惑星では出来なくなってしまった、**人工生命を創造する為の実験場として、科学者たちが選んだ惑星が、私たちの星・地球だったのです。**

科学者たちは、地球という惑星を発見し、人工生命の創造に必要な要素を全て備えていることを確かめてから、生命創造の実験を開始しました。

エロヒムが地球にやって来たのは、今から約二五〇〇〇年前ですが、その当時の地球は、水と濃密な霧にすっぽりと包まれていたようです。

エロヒムは、海の上をすっぽりと包んでいた濃密な霧を科学的に除去して、大空と海とに分けました。

「神は言われた。

『水の中に大空あれ。水と水を分けよ。』

神は大空を造り、大空の下と大空の上に水を分けさせられた。そのようになった。

神は大空を天と呼ばれた。」（『創世記』第1章・第6〜8節）

水と濃密な霧にすっぽりと包まれていた地球から、濃密な霧を科学的に除去して、**「大空の下の水」（海）**と**「大空の上の水」（雲）**とに分け、地球から大空が見えるようにしたことが語られています。

こうして海から分けられた大空が、天と呼ばれるようになりました。

『創世記』では、エロヒムが太陽や月や星などの天体を創ったような印象を受けてしまいますが、実際には、エロヒムが、海の上を覆っていた濃密な霧を除去して、太陽や月や星などの天体を、地表から見えるようにしたことが語られています。

『創世記』は、次のような言葉で始まります。

「初めに、神は天地を創造された。地は混沌であって、闇が深淵の面《おもて》にあり、神の霊が水の面《おもて》を動いていた。」（『創世記』第1章・第1・2節）

そこに書かれている天地創造とは、あくまでも、**私たち人間にとっての天地創造であり、地球から見た天地開闢なのです。**

地球の表面が海洋と濃密な霧に包まれており、天地の切れ目が曖昧で明確でなく、混沌とした状態であり、太陽の光が海面まで到達することが出来ないので、暗闇の状態である場面が『創世記』の始まりとなっています。

そして、「神の霊」とは、エロヒムの宇宙船のことであり、**エロヒムの宇宙船が、海上を動いている場面から、『創世記』の天地創造はスタートしているのです。**

エロヒムの宇宙船は、聖書の中では、「神の霊」、「雲」、「光る雲」、「主の栄光」、「ヤーウェの栄光」など、様々に表現されています。

『創世記』に書かれている天地創造とは、あくまでも、地球から見た天地開闢なのであり、私たち人間にとっての天地創造なのです。

「無から有」を生み出すような、無数の銀河を持つ**「無限」の大宇宙そのものの創造について語っている訳ではありません**ので、注意が必要になります。

エロヒムは、地球の周りに人工衛星を配置して、地球の大気や組成、太陽が有害な光線を放射していないかなどを確かめてから、生命の創造を開始しました。

『創世記』では、天地創造は七日間で行われたと書かれていますが、**そこで書かれている一日は、約二〇〇〇年**に当たるそうです。

「こうした調査にはかなりの時間がかかりました。ここでいう1日は、あなたがたの太陽が春分の日に黄道12宮のあるひとつの宮から昇りつづけている期間に対応しているので、地球上でのほぼ２０００年間にあたります。」（『真実を告げる書』22頁）

ちなみに、**月が今の形に配置されているのは、エロヒムの手によるもの**なのです。

太陽と月という、大きさも地球からの距離も全く異なる二つの天体が、地球から見てほぼ同じ大きさに見えるのは、エロヒムがそのように配置したからなのです。
太陽だけではなく、月が持つ働きも、地球の生命にとって必要なのです。
女性の生理を始め、生物のバイオリズムに月が大きな影響を与えていることは、よく知られていますが、月を今の形に配置したのは、エロヒムなのです。

エロヒムは、水と濃密な霧ですっぽりと覆われていた地球から、原初の一つの大陸を創造しました。

ブルドーザーに似た働きをする強力な爆発を起こして、海底の物質を盛り上げて一箇所に積み重ね、大陸を形成するようにしたのです。
今ある大陸は、元々一つの大陸だったのです。

そして、全くの化学物質だけから植物の細胞を創造しました。

これから、あらゆる植物が得られたのです。

大陸のあちこちに散らばって行って、**様々な植物を創造した後に、エロヒムの科学者たちが行ったのは、原始的な水棲生物を創造すること**でした。

プランクトンから小さな小魚へ、そして、さらに大きな魚へと・・・。

小魚が食べる藻類や、小魚を食べるもっと大きな魚なども創造されました。


エロヒムの科学者たちが、魚の次に創造したのが、鳥です。

海で泳ぐ魚と、空を飛ぶ鳥の次に、科学者たちは、大陸の動物を創造しました。

大地は植物が繁茂していたので、植物を餌とする草食動物が最初に創造され、その次には、草食動物の数のバランスをとる為に、肉食動物が創造されました。


エロヒムの科学者たちが地球での生命創造を開始すると、エロヒムの惑星の超一流の芸術家たちも実験に参加するようになりました。

そして、様々に美しく香り高い花々や植物、様々に美しい動物、様々に面白い動物などを、**科学者と芸術家たちが協力して、洗練を加えながら創造していきました。**

エロヒムの科学者チームはいくつかあり、しばしば会合を開いたりして、最も美しい動物、あるいは、最も興味深い動物を創造した科学者チームを決める為、コンクールを計画したりしました。

そしてさらには、**エロヒムの科学者チームで最も有能な人々は、彼らと同じような人間を、人工的に創造しようとしました。**

「神は言われた。

『我々にかたどり、我々に似せて、人を造ろう。そして海の魚、空の鳥、家畜、地の獣、地を這うものすべてを支配させよう。』

神は御自分にかたどって人を創造された。

神にかたどって創造された。

男と女に創造された。」（『創世記』第1章・第26・27節）

人類最初の人間であるアダムとイブは、実験室の中で科学的に創造された「試験管ベビー」でした。

進化論は誤り――人間はサルから進化した訳ではない

地球上の全生命は、エロヒムが実験室で科学的に創造したものなので、ダーウィンに代表されるような**進化論は誤り**なのです。

私たち人間は、初めから人間として創造されたのであり、決して、サルから進化した訳ではありません。

現在、この地球上には少なくとも、百万種類以上もの動物と数十万種類以上もの植物が存在すると考えられているようですが、もし生命が、単細胞のアメーバのようなものから偶然進化してきた結果だとしたら、これ程多種多様な生命が存在している筈がないということは、容易に想像出来るのではないでしょうか。

実際には、エロヒムの科学者たちと芸術家たちが協力して、様々に美しい動植物や、様々に面白い動物、様々に興味深い動物などを、実験を重ね、洗練を加えながら、創造していった結果なのです。

地球は一般的に考えられているよりも、遥かに「若い」

ダーウィンに代表されるような進化論ではなく、神（造物主）が生命を創造したという「創造論」というものがあります。

「創造論」の中でも、「特殊創造説」では、『創世記』に書かれている「創造の六日間」を文字通り、「二四時間×六日間」と捉えますので、**地球そのものの年齢も非常に若いと主張しているよう**です。

例えば、一六五四年に、アイルランドのアッシャー大主教とケンブリッジ大学副総長ライトフットが、聖書の記述から逆算し、天地創造は西暦でユリウス暦の紀元前四〇〇四年一〇月一八日〜二四日にかけて起こり、アダム創造は紀元前四〇〇四年一〇月二三日午前九時と算出し、長らくキリスト教圏ではこの年代が信じられてきたようです。（ウィキペディアによる）

その後、その解釈は、後世の聖書解釈学者たちによって若干訂正されたようですが、大差はなく、何れにしても、天地創造は一万年以内とされているようです。

ダーウィンに代表されるような進化論というのは誤りなので、実際には、地球上の生命というのは、何千万年も何億年もかけて徐々に進化してきたようなものでは全くないのですが、「特殊創造説」などの「創造論」というのは、聖書における神というものを、無形の超自然の全能の神として捉えているので、そこが間違っている点なのです。

聖書において神（ＧＯＤ）と誤訳されている言葉の原語は、ヘブライ語でエロヒムという言葉であり、「天空から飛来した人々」を意味する、れっきとした複数形なのです。

単数形が、エロハになります。

カナダの高校の生物の教科書には、生命創造の三つの仮説として、進化論、神による創造、異星人エロヒムによる創造、が紹介されました。

ラエルの『真実を告げる書』によれば、**エロヒムが地球にやって来たのは、約二五**

〇〇年前であり、その当時の地球は、水と濃密な霧にすっぽりと包まれていたようです。

エロヒムは、太陽からの光線や、地球の大気の組成などを科学的に調査して、生命の創造に適していることを確かめてから、生命創造の実験を開始したのです。

『創世記』では、神は七日間（七日目は安息日）で天地を創造したとされていますが、そこで書かれている一日とは、「太陽が春分の日に黄道12宮のあるひとつの宮から昇り続けている期間に対応している」ので、実際には、**地球上での約二〇〇〇年**に当たるそうです。（黄道12宮のひとつの宮を太陽が通り過ぎるのは、約二一六〇年）

人類最初の人間である、アダムとイブが、実験室の中で科学的に創造されたのは、約一三〇〇〇年前のことのようです。

キリスト教社会における「特殊創造説」では、『創世記』の天地創造における「創造の六日間」というのを、文字どおり一日（二四時間）として計算しますので、天地創造が数千年から一万年以内に行われたと捉えるのですが、実際には、『創世記』における一日というのは、約二〇〇〇年に当たりますので、天地創造は、二五〇〇〇年程前に始まり、一万数千年位の長い歳月をかけて、高度な文明を持った異星人エロヒムの科学者たちの手で、科学的に創造されていったものなのです。

地球上の生命が創造されてから、ほんの二万年位の時間しか経っていないと聞くと、多くの人たちは、驚かれるかも知れません。

しかし、半減期が一三億年という非常に長い放射性同位元素を用いるカリウム―アルゴン法で測定すると、何十万年前、あるいは何百万年前とされる化石も、炭素14法で測定すると、数千年前、あるいは、一万年位前にしかならないようです。

「化石の年代測定のからくり」について、理学博士の戸来優次氏は、著書『謎解き聖書』の中で、次のように述べられています。

「更に、炭素14法によると、ネアンデルタール人やマンモスや他の絶滅動物のみならず、石炭や石油、天然ガスなどの年代は、全て数千年を示しており、炭素14法の発明者で、1960年のノーベル賞受賞者でもあるウォレット・レビーは、『アメリカン・ジャーナル・フィジックス』の中で、**人類の歴史の長さは、いくら長くても2万年から4万年程度であると結論している。**

さらに、同書の中で、戸来優次氏は次のようにも述べられています。

「現在、化石の年代測定によく用いられるカリウム―アルゴン法は、半減期が13億年と非常に長いカリウム40を用いているが、この手法が年代測定に使用される事自体が、長期に亘る生物の歴史を前提としている。

炭素14法では約2万年前と測定される人類の歴史が、進化論を前提とすると、数百万年前と一挙に数百倍も古くなるのである。」（太字引用者）

半減期が13億年の元素を用いた測定法で僅か1万年程度の歴史しか持たない化石を調べる事が、精度や再現性にどの程度信用を与えられるかははなはだ疑問である。まさに『時針しかない時計で秒をはかる』ようなものである。」（太字引用者）

人類や地球の生命が、思いのほか「若い」ということは、**「若い地球説」**として知られています。

進化論は誤りであり、進化論者たちは、自分たちの信じる仮説を主張する為に、「長い時間」というものを求めただけなのです。

進化論を裏付けるような、明確な科学的根拠がある訳ではなく、進化論者たちの仮説を主張する為に、仮説に合うようにデータを解釈しただけのようです。

アダムとイブは、実験室の中で科学的に創造された

進化論というのは誤りなので、地球上の全生命は、何千万年も何億年もの長い時間をかけて、徐々に進化してきたようなものでは全くありません。

地球上の全生命は、あくまでも、エロヒムの科学者たちが、実験室の中で科学的に創造したものなのです。

しかし、エロヒムの科学者たちも、最初は単純な生命から創造し、彼らの生命創造技術が進歩するにつれて、より複雑な生命を創造していきましたので、**単純な生命からより複雑な生命が後に誕生したという点では、似ているのです。**

進化論が唱える「生物の進化」とは、実際には、「エロヒムによる生命創造技術の進歩」にほかならないのです。

「生物が進化」した訳ではなく、「エロヒムの生命創造技術が進歩」していった痕跡なのです。

私たち人間は、サルから進化した訳ではなく、サルを改良して創造されました。

ネアンデルタール人などの、いわゆる先史時代の化石というのは、人間が完成するまでの**試作品**だったのです。

そして遂に、エロヒムの科学者たちは、エロヒムの遺伝子（ＤＮＡ）を組み込んで、遺伝子（ＤＮＡ）組み換え技術により、彼ら自身に似せた知的生命体、即ち人間を創造することに成功したのです。

「**神は御自分にかたどって人を創造された。神にかたどって創造された。**
男と女に創造された。」（『創世記』第1章・第27節）

人類最初の人間である、アダムとイブは、実験室の中で科学的に創造された「試験管ベビー」でした。

人類最初の人間である、アダムとイブが創造されたのは、**今から約一三〇〇〇年前**のことのようです。

エデンの園とは

人類最初の人間であるアダムとイブは、実験室の中で科学的に創造された「試験管ベビー」でした。

エロヒムの科学者チームはいくつかあったのですが、その中で、**古代イスラエル**の地にいた科学者チームは優秀だったので、その地にある動物は最も美しく、その地の植物は最もかぐわしいものでした。

エデンの園とは、このことだったのです。

そして、この地で創造された人間が最も高い知性を備えていました。

エロヒムの科学者たちが、この地球で遂に、彼らの姿に似せて人間を創造したことにより、エロヒムの惑星では大問題になり、パニックになる恐れさえ出てきました。

もしも人間の能力と力がエロヒムを上回ることになれば、エロヒムにとって脅威になると考えたからです。

そこでエロヒムは、**創造物である人間が、エロヒムを上回ることがないように**対策を講じなければなりませんでした。

惑星政府は科学者たちに対して、地球で最初に創造された人間たちに、どのようにして彼らが創造されたのか、そして、エロヒムとは何者なのかを明かすことを厳禁しました。

そして、人間に科学の偉大な秘密を教えず、原始的な状態で科学に無知なまま生存させるようにして、知性が限られたものになるようにしました。

そして、人間が、創造者であるエロヒムに対して畏敬の念を抱き、超自然的で神的な存在であると思うように仕向けたのでした。

科学の偉大な力によって、エロヒムは地球の全生命を創造し、彼らに似せた知的生命体、即ち人間を創造したのですが、彼らの創造の秘密、即ち、**科学の偉大な秘密を隠して人間には知られないようにし、エロヒムの活動を神秘化したのです。**

楽園と呼ばれたエデンの園において、人間たちは何不自由なく暮らしていたのですが、たった一つだけ、**「科学の書」に触れることだけは禁じられていました。**

エデンの園の中央に生えている、**「善悪の知識の木」**に生っている果実、即ち、**「禁断の果実」とは、実は、「科学の書」**のことだったのです。

楽園からの追放――エデンの園の「禁断の果実」とは

エデンの園の中央にある、「善悪の知識の木」に生っている「禁断の果実」とは、実は、「科学の書」のことでした。

創造者であるエロヒムにとっての「善」とは即ち、人間が原始的なままで科学の偉大な秘密を知ることなく、エロヒムを上回らないということでした。

そして一方、エロヒムにとっての「悪」とは、人間が科学の偉大な秘密を手にして、エロヒムを上回ることだったのです。

そこでエロヒムは、人間を原始的なままの状態にして**「科学の書」を禁じ、エロヒムを崇敬して超自然的な神的な存在であると思わせるようにしたのです。**

しかし、エロヒムの科学者たちの中に、彼らが創造した人間たちを深く慈しんでいる人々がいました。

古代イスラエルの地にあった実験場の中に、「蛇」という名のニックネームで呼ばれている科学者チームがあり、そのチームのリーダーの名前がルシファーでした。

ルシファーは堕天使と呼ばれたりすることがありますが、**ルシファーとは、語源的に言うと「光を運ぶ人」**を意味します。

何故、ルシファーが堕天使と呼ばれるようになったのかと言うと、**ルシファーたち「蛇」チームが、アダムとイブに「禁断の果実」である「科学の書」を教え、惑星政府から追放されてしまったからなのです。**

惑星政府は科学者たちに、**人間に真実を告げることを厳禁**し、常に超自然の神のように振舞うよう指導していました。

しかし、ルシファーたちは、彼らが創造した人間たちの素晴らしい能力を見て、次第に人間たちを我が子のように深く愛するようになり、惑星政府の指導から逸脱することを決めたのです。

自分たちは神ではなく、血と肉を持った人間であり、手で触れることの出来る物質で出来た宇宙船に乗って飛来して来たのだということを告げる決心をしたのです。

肉体的にも精神的にも美しく、素晴らしい能力を持った創造物が、自分たちを偶像のように崇拝することに、もう耐えられなくなったのです。

ルシファーたちは、この子供たちに完全な知識を授け、彼らのような科学者にしたいと考え、間もなく成人になるアダムとイブに、**科学を学べば、創造者と同じような強大な力を持つことが出来ると教えたのです。**

「二人の目は開け、自分たちが裸であることを知った」（『創世記』第3章・第7節）

アダムとイブは、「禁断の果実」である「科学の書」を知り、自分たちも創造者になれることを知ったが為に、惑星政府のリーダーであるヤーウェの怒りにより、エデンの園から追放されてしまったのです。

そして、アダムとイブに真実を告げた、ルシファーたちのチーム「蛇」は、他の創造者たちが実験を止めて地球を去らなければならなかったのに対して、**惑星政府から追放されて、地球で暮らすように命じられたのです。**

「光を運ぶ人」を意味するルシファーが、何故、堕天使と呼ばれたりするようになったのかは、ここに由来するのです。

エデンの園の中央に生えていた「生命の樹」の秘密

エデンの園の中央には、**「生命の樹」**（「**命の木**」）と**「善悪の知識の木」**が生えていたと、『創世記』には書かれています。

「生命の樹」について、ウィキペディアには次のように書かれています。

「**生命の樹**は、旧約聖書の創世記にエデンの園の中央に植えられた木。命の木とも訳される。**生命の樹の実を食べると、神に等しき永遠の命を得るとされる。**

カバラではセフィロトの木という。

ヤハウェ・エロヒム（エールの複数形、日本語では主なる神と訳されている）がアダムとエヴァをエデンの園から追放した理由は、知恵の樹の実を食べた人間が、生命の樹の実までも食べて永遠の生命を得、唯一絶対の神である自身の地位が脅かされる**（ユダヤ伝承では知恵の樹の実と生命の樹の実をともに食べると、神に等しき存在になるとされているので）**事を恐れたためである。」

「善悪の知識の木」とは「科学の書」のことだったのですが、「生命の樹」もまた、「科学の書」のことであり、そこには、生命に関する科学、遺伝子（ＤＮＡ）に関する科学、不死の生命、永遠の生命に関する秘密が書かれていたのです。

エロヒムの高度な遺伝子工学によって、地球での生命創造の実験が行われ、地球の全生命が創造されました。

そして一番最後に、エロヒムの遺伝子（DNA）を組み込んだ、遺伝子（ＤＮＡ）組み換え技術によって、エロヒム自身に似せた知的生命体、即ち、人間が創造されました。

人類最初の人間である、アダムとイブは、実験室の中で科学的に創造された、**「試験管ベビー」**でした。

その当時、エロヒムの惑星では、高度な科学により、人々は皆、平均で七五〇歳～一二〇〇歳位の長寿を得ていました。

子供たちは成年に達した時に一度だけ、寿命を七五〇歳以上に伸ばす為の、ちょっとした外科手術を受け、ほとんど若いままで、七五〇歳〜一二〇〇歳位まで生きられるようになります。

そして、科学の力により、不死の生命、永遠の生命も可能になっていました。

高度なクローン技術により、体の一部の細胞を採取して保存しておけば、その時の肉体全体を再生することが可能なのです。

脳と肉体の働きが最高の状態の時に、体の一部の細胞を採取して保存しておき、肉体が滅んだ時、保存しておいた細胞から生命体全体を再生し、記憶などの脳の情報を転送してインプットすることで、生命を再び蘇らせることが可能になります。

肉体が滅ぶ度にこれを繰り返すことで生命は引き継がれ、不死の生命、永遠の生命が可能になるのです。

不死の生命、永遠の生命とは、一般的な概念とは相容れないかも知れませんが、**実際には、科学的なこと**なのです。

エロヒムの惑星では、芸術家や科学者など、人々に多大な貢献をした人々の中で、不死の資格ありと認定された一部の人々には、不死の特権が与えられ、不死の生命、

永遠の生命が与えられます。

不死の人々で構成される**不死会議の議長がヤーウェであり、エロヒムの惑星のリーダー**なのです。

地球での生命創造の実験は、ヤーウェのリーダーシップの元に行われたものであり、ヤーウェは、ユダヤ教の唯一神であり、イスラム教における唯一神アラーであり、イエス・キリストが「天の父」と呼んだ、同じ存在のことなのです。

エロヒムの科学者たちが、彼らに似せた知的生命体、即ち、人間を地球で創造したことにより、エロヒムの惑星では大騒ぎとなりパニックになる恐れさえ出てきた為、エロヒムは、創造物である人間がエロヒムを上回ることがないように、対策を講じなければなりませんでした。

創造物である人間が科学知識を手に入れることは、エロヒムにとって最も危険な、避けるべきことだったので、科学には無知なまま生きるように仕向けていたのです。

その為、**「禁断の果実」である「科学の書」を読むことを禁じていた**のですが、ルシファーたちに教えられて、アダムとイブは、「科学の書」を読んでしまいました。

そこで、「生命の樹」に書かれている、生命の科学、遺伝子（ＤＮＡ）の科学、不死の生命、永遠の生命の秘密を知って、アダムとイブが永遠の生命を得てしまうことを恐れた為、ヤーウェは、アダムとイブを、エデンの園から追放したのです。

そして、ヤーウェは、「生命の樹」の秘密を守る為に対策を講じました。

「こうしてアダムを追放し、命の木に至る道を守るために、エデンの園の東にケルビムと、きらめく剣の炎を置かれた。」（『創世記』第3章・第24節）

実験場の入口に、武器を持った見張りを配置して、人間が他の科学知識を奪いに来るのを防いだのです。

不死の生命、永遠の生命

不死の生命、永遠の生命とは、一般的な概念とは相容れないかも知れませんが、実際には、科学的なことなのです。

エロヒムは、非常に高度な遺伝子工学を持っていましたので、**高度なクローン技術によって、不死の生命、永遠の生命を獲得していた**のです。

地球に来ていたエロヒムの科学者たちのリーダーである、ヤーウェやルシファーなどは、クローン技術によって不死の生命を得ていたクローン人間だったのです。

しかし、創造物である人間が、科学知識を身に付け、不死の生命、永遠の生命を得てエロヒムと同等の存在になることは、エロヒムにとって最も避けるべき、危険なことだったので、**不死の生命の秘密、永遠の生命の秘密を守る為に、ヤーウェはアダムとイブを楽園から追放し、実験場の入口に武器を持った見張りを配置して、人間たちが科学の知識を奪いに来ることを防いだのです。**

生命を操ることが出来るエロヒムの科学、不死の生命、永遠の生命を可能にするエロヒムの科学は、後に、人類が歩みを進めていく過程で、**エロヒムが神と結び付く一つの要因になりました。**

あらゆる宗教の根源には、永遠の安らぎを得て、永遠の生命を得たいという、人間が持つ根源的な願望があるかと思いますが、それを可能にする力を、エロヒムは持っていたからです。

生命を操ることが出来、不死の生命、永遠の生命も実現させることが出来たエロヒムは、神と崇められるようになり、「大宇宙意識（無限）」と結び付いて考えられるようになったのです。

アダムからノアまでの人間たちが千歳位まで生きられた理由

ヤーウェは、アダムとイブをエデンの園から追放し、不死の生命の秘密、永遠の生命の秘密は人間たちが触れることが出来ないように守りましたが、最初の頃の人間たちには、長寿を授け、「生命の樹」の恩恵に与《あずか》らせていました。

人類の祖であるアダムから先、ノアまでの人間たちが非常に長寿だったのは、その為なのです。

アダムからノアまでの一〇代に亘って、ほとんどの人間は千歳近くまで生きています。

アダム九三〇歳、セト九一二歳、エノシュ九〇五歳、ケナン九一〇歳、マハラルエル八九五歳、イエレド九六二歳、エノク三六五歳、メトシェラ九六九歳、レメク七七七歳、ノア九五〇歳となっており、ほとんどが千歳近くまで生きています。

エノクだけは三六五歳ですが、生きたまま昇天したと考えられているようです。

「エノクは三六五年生きた。エノクは神と共に歩み、神が取られたのでいなくなっ

た。」（『創世記』第5章・第23・24節）

エノクは信仰心が篤く、「小さなヤーウェ」とも呼ばれて、エロヒムに非常に愛されたので、**生きたままエロヒムの不死の惑星に連れて行かれ、永遠の生命を与えられて、大天使メタトロンになったようです。**

遺伝的なプログラムを変更して、寿命を何百歳までも伸ばすことが理論上可能であることが、最近の科学でも分かってきたようです。

理学博士の戸来優次氏が、『［謎解き］聖書』の中で述べられている見解を、ご紹介させていただきます。

「遺伝的なプログラムを変更させて、寿命を１０００歳近くまで伸ばす事などはたして可能なのだろうかと思われるであろう。

しかし、実際、**寿命を左右する遺伝子が既に見つかっている**のである。細胞はその個体の一生の間に分裂を繰り返すが、分裂する度に細胞の老化が進み、ついには分裂を停止して死んでしまう。このような細胞の分裂寿命を決定している遺伝子が１９９３年に見つかった。これを**モータリン遺伝子**と呼ぶ。モータリン遺伝子には二種類あり、モータリン遺伝子1が働くと細胞に分裂寿命を与え、**モータリン遺伝子2が働くと、細胞の寿命がなくなる、つまり不死化する**のである。**このようなモータリン遺伝子の発現のスイッチをオン・オフする事によって、理論的に人間の寿命を300歳、400歳、500歳に延ばすことが可能なのである。**

エロヒムは、このような寿命を左右する遺伝子のスイッチを、何らかの外科手術により調節して、アダム達の寿命を1000歳まで引き延ばしたのではなかろうか。」

（太字引用者）

エロヒムは、アダムからノアまでの一〇代には、「生命の樹」の恩恵に与《あずか》らせて長寿を与えていましたが、人間に超長寿化を行うことを止めて、人間の寿命を一二〇歳にしました。

「主は言われた。

『わたしの霊は人の中に永久にとどまるべきではない。人は肉にすぎないのだから。』

こうして、人の一生は百二十年となった。」（『創世記』第6章・第3節）

ヤーウェとルシファーとサタン

エロヒムの中で、特に知っておくべき三人のエロハがいます。

ヤーウェと、ルシファーと、サタンです。


ヤーウェは、エロヒムの惑星の不死会議の議長であり、地球での生命創造の実験は、ヤーウェのリーダーシップの元に行われました。


エロヒムの惑星では、高度な科学技術により、不死の生命、永遠の生命が実現していますので、一部の人たちは、不死の特権を得ています。

不死会議の議長がヤーウェであり、**エロヒムの惑星のリーダー**なのです。

ヤーウェは、ユダヤ教の唯一神であり、イエス・キリストが「天の父」と呼んだ存在であり、イスラム教においては、アラーと呼ばれています。

ヤーウェは、イエス・キリストの実の父親でもあります。

聖霊によってマリアが身ごもったとされる、**聖母マリアの処女懐胎とは、実は、宇宙船の中で人工授精が行われたのであり、イエス・キリストの実の父親が、ヤーウェ**

なのです。

地球での生命創造の実験は、不死会議の議長であるヤーウェを中心として行われたものなのですが、エロヒムの惑星においては、これに反対する人々もいました。**反対派の代表的リーダーの名前が、サタンという名前でした。**

サタンとは、悪魔とか言われたりしますが、私たちと同じような姿・形を持った、れっきとした人間（異星人）なのです。

サタンは、実験室で創造されたものからは、何ら良いことは期待出来ないと考え、科学的に人間を創造することに反対してきた、ある政治団体のリーダーなのです。

サタンは、人間は危険だと考え、地球の全生命もろとも人間を抹殺したいと考えてきた反対派のリーダーであり、今もそう望んでいるのですが、**数千年前には一度、サタンの要求により、地球上の生命は抹殺させられたことがあるのです。**

それが、『創世記』に出てくる、**「ノアの箱舟」と大洪水**の話になります。

後でまた書きますが、実はこの時に、**ノアたちに命じて「ノアの箱舟」を造らせ、**

地球上の生命を救ったのが、ルシファーたちなのです。

ルシファーは、堕天使とか悪魔と呼ばれたりして、サタンと同じような捉え方をされる嫌いがありますが、**ルシファーとサタンとは、全く別々の存在**であり、私たち人間に対する考え方も、全く違っています。


サタンは、人間は悪で危険だと考え、人類の絶滅を希望し続けてきましたし、現に一度、サタンたち反対派の意見が優勢になり、地球の創造物は抹殺させられたことがあります。

この時に、**ノアたちを助けたのがルシファー**であり、また、アダムとイブたちを慈悲深く愛するが故に、惑星政府の指導から逸脱することを決心して、**人間に真実を告げたのもルシファー**なのです。

そのことにより、ルシファーは惑星政府から地球に追放されて、堕天使と呼ばれたりするようになるのですが、**ルシファーという言葉の意味は「光を運ぶ人」**であることを知っておくことが大切だと思います。

聖書における神・天使・悪魔とは

聖書における、神、天使、悪魔とは、何れも、エロヒムのことです。

聖書において、**「神」または「主」と呼ばれているのが、エロヒムの惑星の不死会議の議長であるヤーウェ**のことなのです。

そして、ヤーウェの使者として、地球に降りて来たエロヒムが、天使と呼ばれています。

天使とは、「天の使い」と書きますが、ヤーウェの使者として、地球に降りて来たエロヒムのことなのです。

例えば、聖母マリアに受胎告知をした、大天使ガブリエルも、メッセージを伝える為に地球にやって来た、ガブリエルという名のエロハになります。

大天使ガブリエルは、イスラム教の開祖であるマホメットが、メッカ郊外のヒラー山の洞窟で瞑想中に、突然現れて、アラー（ヤーウェのこと）から託された第一の啓示を伝えたことでも知られています。

マホメットの前に最初に現れた時、大天使ガブリエルは、遥か彼方から一気に空を飛んで来て、空中に浮かんでいたようです。

エロヒムは、上空にある宇宙船と地上を行き来する際、**ジェット噴射装置**のようなものを背中に付けていました。

これが、**背中に羽根が生えた天使という、イメージの元**になっています。

背中に生えた羽根で天から降りて来たのではなく、実際には、上空に待機していた宇宙船と地上とを、ジェット噴射装置を背中に付けて、行き来していたのです。

『エゼキエル書』の最初には、「エゼキエルの召命」として、**預言者エゼキエルの前に、エロヒムの宇宙船と、四人のエロヒムがやって来た場面が描写されています。**

「わたしが見ていると、北の方から激しい風が大いなる雲を巻き起こし、火を発し、周囲に光を放ちながら吹いてくるではないか。その中、**つまりその火の中には、琥珀金の輝きのようなもの**があった。またその中には、**四つの生き物の姿**があった。その有様はこうであった。**彼らは人間のようなものであった。それぞれが四つの顔を持ち、**

四つの翼を持っていた。・・・生き物の姿、彼らの有様は燃える炭火の輝くようであり、松明の輝くように生き物の間を行き巡っていた。**火は光り輝き、火から稲妻が出ていた。そして生き物もまた、稲妻の光るように出たり戻ったりしていた。**・・・生き物の頭上には、恐れを呼び起こす、水晶のように輝く大空のようなものがあった。それは生き物の頭上に高く広がっていた。・・・生き物の頭上にある大空の上に、**サファイアのように見える王座の形をしたものがあり、王座のようなものの上には高く人間のように見える姿をしたものがあった。**・・・周囲に光を放つ様は、雨の日の雲に現れる虹のように見えた。これが**主の栄光**の姿の有様だった。私はこれを見てひれ伏した。」（『エゼキエル書』第1章・第4～28節）

ジェット噴射装置を背中に付けて宇宙服に身を包んだ四人のエロヒムが、ジェット噴射して琥珀金の光を放っている宇宙船との間を行き来している様子が描かれています。

「サファイアのように見える王座の形をしたもの」も、「主の栄光」も共にエロヒムの宇宙船を表しています。

そして、**悪魔というのは、サタンのこと**であり、地球での生命創造実験に一貫して反対してきた、ある政治団体のリーダーなのです。

エロヒムの惑星政府の中で、地球での生命創造実験に反対してきた**反対派のリーダーが、サタンという名前**だったのです。

また、堕天使と呼ばれているのはルシファーのことであり、サタンとは全く別々の存在になりますので、混同しないように注意する必要があります。

「ノアの箱舟」と大洪水の神話は、本当にあった実話

惑星政府から追放されたエロヒムの科学者たちは、軍隊の監視の下、地球に留まっていましたが、やがて、地上に人間が増え始めると、**最も美しい人間の娘たちを自分たちの妻にするようになりました。**

「さて、地上に人が増え始め、娘たちが生まれた。神の子らは、人の娘たちが美しいのを見て、おのおの選んだ者を妻にした。」（『創世記』第6章・第1・2節）

「当時もその後も、地上には**ネフィリム**がいた。これは、神の子らが人の娘たちのところに入って産ませた者であり、大昔の名高い英雄たちであった。」（『創世記』第6章・第4節）

エロヒムの科学者たちが、自分たちの姿に似せて創造した人間の娘たちと関係して、優秀な子供を産ませるということは、エロヒムの惑星政府から見れば、危険極まりないことでした。

その後、地球の科学がものすごく進歩したので、サタンの要求を聞き入れて、ヤー

ウェを中心とするエロヒムの惑星政府は、地球の創造物を抹殺することに決めました。

「主は、地上に人の悪が増し、常に悪いことばかりを心に思い計っているのを御覧になって、地上に人を造ったことを後悔し、心を傷められた。主は言われた。『わたしは人を創造したが、これを地上から拭い去ろう。人だけでなく、家畜も這うものも空の鳥も。わたしはこれらを造ったことを後悔する。』」（『創世記』第6章・第5〜7節）

ここで言う「悪」とは、人間が科学の進歩を望み、創造者であるエロヒムと同等の存在になりたいという欲望のことであり、いつの日か、創造者であるエロヒムの仲間入りをする危険が生じることでした。

創造者たちにとっての「善」とは、人間が原始的なまま細々と生きることでした。

こうして、**エロヒムの惑星政府は、核ミサイルを発射して、地球上の全生命を抹殺することを決心**しました。

そして、地球に追放されたルシファーたちには、恩赦により、エロヒムの惑星に戻ることを許しました。

しかし、**地球の創造物が破壊されることを予め知ったルシファーたちは、ノアに命じて、宇宙ロケットを建造させました。**

そして、救うべき種の雄と雌の生きた細胞を一つずつ採取してロケットの中に収容し、大災害が続いている間、地球の周囲を回らせたのです。

『創世記』では、「ノアの箱舟」は「三階建ての箱舟」として表現されていますが、実際には、**「三層式の宇宙ロケット」**でした。

「ノアの箱舟」は、宇宙船だったのです。

そして、動物のそれぞれの種の雄と雌をひと組ずつ箱舟の中に入れたと表現されているのは、実際には、**それぞれの種の雄と雌の生きた細胞を一つずつ採取して保存し、**ロケットの中に収容したのです。

雄と雌の生きた細胞が一つずつあれば、生命体全体を再生することが出来るのです。

『創世記』では、ノアの家族たちだけが箱舟に入ったように書かれていますが、実際には、それぞれの人種からもひと組ずつの男女が助け出されました。

こうして、地球に核ミサイルが発射されて大爆発が起きた時、地球の生命は地上から何千キロも離れた上空で、宇宙船の中で保護されていたのです。

大陸は巨大な津波に襲われて海中に沈み、あらゆる生物は死に絶えました。

実は、この時の核ミサイルによる大爆発で、元々一つしか無かった原初の大陸が、今のように分かれたのです。

今ある大陸が元々一つだったことは、今の地球の科学でも理解出来るようになっているようです。

南米大陸の東岸とアフリカ大陸の西岸が、同じような形をしていることなどは分かりやすい例ですが、南米大陸とアフリカ大陸を合わせると植物分布も一致するようです。

失われたムー大陸とか、失われたアトランティス大陸という伝説があり、太古の昔に、海に沈んだという言い伝えがあります。

実際には、海に沈んだ訳ではなく、大洪水が起きた時の大爆発によって、大陸が離れて行ったのです。

ノアを始めとする少数の人間たちが宇宙船の中で保護されて、やがて再び地上に戻った時、彼らは、**大爆発により原初の大陸が、見覚えがない程破壊されていた**のを発見しました。

大洪水前にあった、ムーやアトランティスと呼ばれた国が、大爆発により大陸がバラバラに分かれて離れて行ってしまったという彼らの記憶が、子孫たちに伝えられていく過程で、長い間に少しずつ変形されていき、こうした伝説が生まれたのです。

実際には、海に沈んだのではなく、大陸が離れて行っただけなのです。

人類にとっての聖なる記念日——七月一七日

こうして、ルシファーを中心とした懸命の救助作業により、ノアを始めとする地球の生命は、宇宙船の中で保護されました。

この時、エロヒムの惑星政府は、エロヒムを創造した創造者たちが残した自動宇宙船に残されていたメッセージを知り、**彼らもまた、他の惑星からやって来た異星人たちによって実験室で科学的に創造された**ことに気付きました。

そして、ヤーウェを中心とするエロヒムの惑星政府は、二度と再び、自分たちの手で人類を滅ぼすことはしないと決意し、ルシファーたちが宇宙船の中に保存した生命を、再び地球に戻すことに協力したのです。

このことは、サタンの反対を振り切って行われました。

「ノアの箱舟」という宇宙船は、「死の灰」のような危険な降下物がすっかり無くなるまで待ってから、再び地上に降り立ちました。

ルシファーたちのグループは、放射能の検査を行い、それを科学的に除去してから、大気の状態を確かめて、生命を再創造したのです。

それぞれの人種は、創造の際の元の場所に配置され、**宇宙船に保存されていた細胞から、それぞれの動物が再創造されました。**

ちなみに、何故恐竜が絶滅したのかと言うと、大洪水の後に、再生されなかったからなのです。


大洪水から一五〇日後、**「ノアの箱舟」がアララト山の山頂に止まったとされる七月一七日は、地球に再び生命が蘇ることになった、記念すべき聖なる日なのです。**

ユダヤ暦の七月一七日、**イスラエルでは「シオン祭」で巡行の祭り**が行われ、古代ユダヤの聖なる記念日を盛大に祝っていました。

「イスラエルの失われた十支族」がたどり着いたと言われている日本においても、グレゴリオ暦の七月一七日、**京都の祇園祭で山鉾巡行**が行われ、この古代ユダヤの聖なる記念日を盛大に祝っていることには、とても深い訳があります。

さらには、失われた古代ユダヤの秘宝「契約の箱」が隠されているとも言われる、**四国の剣山においても、七月一七日に剣山神社本宮大祭**が開かれ、お神輿を剣山山頂まで運ぶ儀式が執り行われていることには、深い意味が隠されています。

お神輿は、「契約の箱」がモデルだとも言われています。

私たち人類が、今こうして生きていられるのは、**ルシファーたちのグループと、ノアを始め助け出された人間たちとの協力によるもの**なのです。

「光を運ぶ人」を意味するルシファーの存在なくして、今の地球はありません。

有史以来数千年の人類の歴史は、大洪水後に、「ノアの箱舟」という宇宙船が地上に降り立ち、再び地球に生命が蘇ってから始まったものなのです。

祝福と契約

ヤーウェは、エロヒムを創造した世界からやって来た自動宇宙船に残されていたメッセージにより、**もしも人間が暴力的であれば、将来、惑星間文明に到達することを可能にするエネルギーを発見した時に、自己破滅するであろう**ことを理解しました。

そして、二度と再び、自分たちの手で、地球の創造物を破壊することはしないと決意するとともに、**人類の進歩を人類自らの手に委ねることにした**のです。

人間が進歩を望むのは、当然のことだと理解していたからです。

「ノアの箱舟」が地上に降り立ち、地上に戻ってから、ノアはヤーウェの為に祭壇を築き、捧げ物をしました。

その時、ヤーウェは言いました。

「主は宥《なだ》めの香りをかいで、御心に言われた。

『人に対して大地を呪うことは二度とすまい。人が心に思うことは、幼いときから悪いのだ。わたしは、この度したように生き物をことごとく打つことは、二度とすま

い。』」(『創世記』第8章・第21節)

ヤーウェは、ノアと彼の息子たちを**祝福**して、言いました。

「産めよ、増えよ、地に満ちよ。地のすべての獣と空のすべての鳥は、地を這うすべてのものと海のすべての魚と共に、あなたたちの前に恐れおののき、あなたたちの手にゆだねられる。」(『創世記』第9章・第1・2節)

そして、ヤーウェは、ノアと彼の息子たちと、**契約**を立てたのです。

「神はノアと彼の息子たちに言われた。

『わたしは、あなたたちと、そして後に続く子孫と、契約を立てる。あなたたちと共にいるすべての生き物、またあなたたちと共にいる鳥や家畜や地のすべての獣など、箱舟から出たすべてのもののみならず、地のすべての獣と契約を立てる。**わたしがあなたたちと契約を立てたならば、二度と洪水によって肉なるものがことごとく滅ぼされることはなく、洪水が起こって地を滅ぼすことも決してない。**』」(『創世記』第9章・第8〜11節)

大洪水後、人類の歩みを助けたルシファーたちエロヒム

ヤーウェを中心とするエロヒムの惑星政府は、大洪水後、二度と再び地球の創造物を抹殺することはしないと決意するとともに、**ルシファーたちが宇宙船の中に保護していた地球の生命を、再び地上に戻すことに、積極的に協力しました。**

大洪水の前と後で、エロヒムの惑星政府における、地球の創造物に対しての態度が変わったのです。

そして、人類の進歩は人類自らの手に委ねることにしたのですが、大洪水後しばらくの間は、一部の科学者たちを地上に残して、人類の歩みを助けました。

その中心的存在が、**ルシファー**でした。

ルシファーたちは、農耕、鍛冶・冶金、医学・薬学、気象学・天文学、文字の書き方など、文明開化に必要な、あらゆる基礎技術を人類に教え、人類自らが歩んで行けるように助けてくれたのです。

また、ルシファーは、将来の人類を救うべき、特別な使命・役割を持った国と民族を創造しました。

それが、東洋の「日出づる神国」、「霊《ひ》ノ元」日本であり、私たち日本人なのです。将来、地球の科学が高度に発達した時、自ら自己破滅することなく人類の黄金時代を迎えることが出来るように、その中心的役割を果たす民族・国家として創造されたのが、「大和の国」日本と大和民族である日本人なのです。

この二一世紀において、人類の黄金時代の扉を開き、地球・世界に大いなる和「大和《やまと》」を実現させるのは、私たち日本人なのです。

このことに関しては、**『花咲く都・黄金文明』**の中で詳しく書きましたので、ご参照いただければ幸いです。

今ある日本列島は、大洪水後に、ルシファーたちによって、**世界の雛形**として創造されたものなのです。

古事記などの日本神話では、国生みがイザナギ・イザナミの二神によって行われたとされていますが、**イザナギとは、ルシファーのこと**なのです。

古代の預言者たちとは

こうして、ヤーウェを中心とするエロヒムの惑星政府は、地球での人類の歩みは、人類自らの手に委ねることにしたのですが、時代に応じてメッセンジャーたちを遣わし、私たち人類を導いてきました。

モーゼ、仏陀、イエス・キリスト、マホメットなどは、エロヒムから遣わされた、偉大なメッセンジャーだったのです。

私たち人類が、真実が啓示される時代、アポカリプス（黙示録）の時代を迎えて、全てを科学の力で理解出来るようになり、人類の黄金時代を迎えられるようになる時まで、導いてきてくれたのです。

科学の偉大な秘密によって、私たち人間を始めとする地球の全生命が創造されたこと、私たち人類も、科学の力により、創造者であるエロヒムの仲間入りが出来るということが理解出来るまで、私たち人類には、宗教という、言わば「松葉杖」が必要でした。

世界三大宗教のキリスト教・イスラム教・仏教の開祖である、**イエス・キリスト、マホメット、仏陀たちは、人類の黄金時代が到来するまでは、宗教という「松葉杖」を必要とする人類の為に、エロヒムが遣わした、偉大なメッセンジャーだったのです。**

彼らは、人類を導く為の偉大なメッセンジャーとしての使命を遂行する為に必要な、様々な手ほどきをエロヒムから受けてから、布教活動を開始しています。

そして、そのトレーニングを、エロヒムの惑星、不死の惑星で受けた者もいます。仏陀や、イエス・キリストがそうです。

仏陀が言う「極楽浄土」とは、イエス・キリストが言う「天の王国」のことであり、何れも、エロヒムの惑星である、不死の惑星のことを指して言っています。

仏陀の「極楽浄土」とか、イエス・キリストの「天の王国」というのは、抽象的な概念などではなく、実際に彼らが連れて行かれて奥義を伝授された、エロヒムの不死の惑星のことなのです。

それでは、エロヒムの不死の惑星とは、どのような所なのでしょうか?

不死の惑星——仏陀の「極楽浄土」、キリストの「天の王国」

エロヒムは、**今の地球よりも二五〇〇〇年も進んだ科学**を持っており、非常に高度な文明を持っています。

今の地球の科学では、光速よりも速いものは存在しないと考えられていますが、エロヒムは、**光速の七倍の速さで宇宙空間を移動出来る科学**を持っています。

仏陀やイエス・キリストは、かつて、エロヒムの不死の惑星に連れて行かれて、様々なトレーニングを受けてから、人類を導く為の偉大なメッセンジャーとしての活動を開始しています。

仏陀は、菩提樹の下で四九日間瞑想をして「悟り」を開いたと言われていますが、実は、その間、エロヒムの惑星に連れて行かれて、様々な奥義を伝授されています。

仏陀が得た「悟り」というのは、実は、エロヒムの惑星で伝授された奥義だったのです。

そして、イエス・キリストがパプテスマのヨハネから洗礼を受けた時、天が開けて

「神の霊」が鳩のようにイエスの上に降りて来て、「霊」に導かれて四十日間荒野をさまよい、サタンに試されたと言われています。

「神の霊」と表現されているのは、エロヒムの宇宙船のことであり、実はこの時、**イエス・キリストはエロヒムの惑星に連れて行かれて、彼の言葉で言う「天国の奥義」を伝授されて**から、サタンに誘惑され、試みを受けています。

イエス・キリストがサタンに誘惑されて試された話は有名ですが、仏陀もまた、「悟り」を開く時、悪魔マーラから誘惑されて試みを受けたとされています。

仏陀もキリストも、エロヒムの惑星で奥義を伝授される時、サタンから誘惑されて、メッセンジャーとしての資質を試されていたのです。

仏陀もキリストも、エロヒムが人類に遣わした偉大なメッセンジャーであり、エロヒムの惑星で奥義を伝授され、サタンのテストを受けてから、本格的な活動を開始しています。

その時に連れてこられた、**エロヒムの不死の惑星のことを、仏陀は「極楽浄土」と**

呼び、イエス・キリストは「天の王国」と呼んだのですが、エロヒムの不死の惑星とは、まさに「極楽浄土」であり、「天の王国」と呼ぶにふさわしいものです。

エロヒムの惑星では、**高度な科学によって、まさに楽園のような世界が実現**しています。

貨幣というものが存在していない為、人々は、お金（マネー）を得る為に労働するという必要がありません。

一人につき平均一〇台もの**生物ロボット**を持っていますので、ほとんどのことは生物ロボットがやってくれます。

全ての人に、必要なものは全て与えられており、貨幣というものが存在しないので、人々は、お金（マネー）を得る為に何かをしなければいけないということはなく、完全に、自分のしたいことだけをすることが出来ます。

人々がするのは知的な労働のみであり、本人がそれを望むからなのです。

芸術でもスポーツでも何でも、自分の好きなことだけをすることが出来、**自分を開花させることに専念することが出来るの**です。

そして、子供たちは成年に達した時に一度だけ、寿命を七五〇歳以上に延ばす為の、ちょっとした外科手術を受け、ほとんど若いままで、**七五〇歳から一二〇〇歳位**まで生きられるようになります。

つまり、エロヒムの惑星では、人々は皆、**若いままの肉体を維持して何百年も生きることが出来**、その間、お金（マネー）を得る為に何かをしなければいけないということも一切無く、自分のやりたいことだけをやって、**自己を開花させることに専念して生きることが出来る**のです。

警察も無ければ刑務所も無く、誰もが**平和で自由で豊か**に、喜びに満ちた人生を満喫することが出来る、まさに楽園のような世界なのです。

そして、**科学の力により、不死の生命、永遠の生命も可能**になっていますので、不死の資格があると認定されれば、不死の生命、永遠の生命を得ることが出来ます。

高度なクローン技術により、体の一部の細胞を採取して保存しておけば、その時と同じ肉体全体を再生することが可能なのです。

脳と肉体の働きが最高の状態の時に、体の一部の細胞を採取して保存しておき、肉体が滅んだ時、保存しておいた細胞から生命体全体を再生し、記憶などの脳の情報を転送してインプットすることで、生命を再び蘇らせることが可能になります。

肉体が滅ぶ度にこれを繰り返すことで生命は引き継がれ、永遠の生命が可能になりますので、不死の生命、永遠の生命とは、実際には、科学的なことなのです。

エロヒムの惑星では、科学者や芸術家など、人々に対して多大な貢献をした人たちの中で、**不死の資格ありと認定された人たちには、不死の特権が与えられ、永遠の生命が与えられます。**

不死の人々によって構成されている、不死会議の議長がヤーウェなのであり、エロヒムの惑星のリーダーなのです。

仏陀もイエス・キリストも、エロヒムの不死の惑星に連れて行かれて、奥義を伝授された時、この**不死の秘密**も教えられており、地球に戻ってからメッセンジャーとしての使命を終えて死んだ後は、**この不死の惑星で再生されて、永遠の生命を与えられ**

ることを約束されたのです。

仏陀には、**「私はアムリタ（不死）を得た」**という言葉があるようですし、キリストも、十字架に架けられて亡くなった後に、すぐに再生されて三日後に**復活**することを知っていました。

そして、終末の時には**再臨**することを告げています。


仏陀もイエス・キリストも、地上でのメッセンジャーとしての使命を果たして肉体が滅んだ後は、エロヒムの不死の惑星で再生されて、不死、永遠の生命を得ています。

仏陀もイエス・キリストも、地上での役割を終えて亡くなった後、エロヒムの不死の惑星で今日まで生き続けており、近い将来、**私たち人類が黄金時代の扉を開いた時には、ヤーウェたちと共に、宇宙船に乗って地球にやって来る**のです。

聖書では、宇宙船は「**雲**」とか、「**主の栄光**」、「**神の霊**」などと表現されていますが、何千年も前の古代の人々には、そのようにしか表現することは出来ませんでした。

今、真実が啓示される時代、アポカリプス（黙示録）の時代を迎え、科学の力で全てが理解可能になった現代の私たちには、そのことが理解出来るのです。

モーゼと選民たちが交わしたエロヒムとの契約

モーゼも、エロヒムから遣わされた、**偉大なメッセンジャー**の一人です。

モーゼの使命・役割は、「エロヒムの選民」であるイスラエル人を自由にし、彼らに国を与えて、尊厳を取り戻させることにありました。

知性の最も優れた民であるイスラエルの国の人々は、ものすごい進歩を遂げていたのですが、モーゼが誕生した当時は、原始的な状態に戻ってしまっていました。

これには、経緯があります。

ある時期、人間とエロヒムとの関係は、あまり良くない状態が続きました。

エロヒムの惑星に遠征を企てた、**「バベルの塔」**と呼ばれた巨大な宇宙ロケットが破壊され、イスラエル人は、大陸のあちこちに散り散りにされました。

そして、そのことで復讐を企てる人間たちが集結し、科学の秘密を取り戻すことに成功した**「ソドムとゴモラ」**の町が、原爆で破壊されたのです。

こうして、知性の優れた人々がほとんど死んでしまい、イスラエルの民は、半未開のような状態になり、創造者であるエロヒムのことすらほとんど忘れて、偶像崇拝すら行うようになっていました。

ユダヤ民族は「神の選民」であるという、いわゆる「選民思想」をユダヤ人は持っていると言われていますが、これにはそれなりの理由があります。

古代のユダヤ民族というのは、エロヒムと人間の女性たちとの間に生まれた、**エロヒムの直系の子孫**なのです。

エロヒムの実験場は何箇所か有り、それぞれの実験場からそれぞれの人種が創造されました。

その中でも、古代イスラエルの地にあった実験場で創造された人間たちが、最も優秀であり、完成度の高い創造物でした。

「彼らは皆、わたしの名によって呼ばれる者。
わたしの栄光のためにに創造し
形づくり、完成した者。」（『イザヤ書』第43章・第7節）

エロヒムの人間創造の技術の高さを示すのがイスラエル人であり、**イスラエル人は**

「完成した者」だったのです。

イスラエル人を創造したことが、**エロヒムにとって栄光に値する**ということなのです。

「後の世代のためにこのことは書き記されねばならない。

『主を賛美するために民は創造された。』」（『詩篇』第１０２章・第19節）

ここでの「民」とは、もちろんイスラエル人のことであり、**最も優れた創造物として、エロヒムから選り分けられた人種**だったのです。

イスラエル人が優れて素晴らしい創造物だったので、エロヒムはイスラエル人の美しい女性と交わったのであり、イスラエル人というのは、エロヒムの血を分けた、**エロヒムの直系の子孫**なのです。

この為に、古代ユダヤ人というのは、「神の長子」、「神の子」、「神の生き証人」、「神の選民」とも呼ばれるようになりました。

現在まで続いている、ユダヤ人の「選民思想」には、このような背景があります。

また、ユダヤ人には優秀な人が多いと言われたりしますが、このような背景があるからなのであり、元々古代のユダヤ人というのは、**エロヒムの直系子孫**であり、**「エロヒムの選民」**だったのです。

エロヒムの直系子孫であり、「エロヒムの選民」であるイスラエル人は、知性の最も優れた人々でしたが、その最も輝かしい人才を失い、近隣の野蛮な人々の奴隷になってしまっていたので、**選民に自分たちの国を与え、尊厳を取り戻させることが、モーゼに与えられた使命・役割だったのです。**

モーゼは、エジプトに生まれたイスラエル人でしたが、イスラエル人の男児は殺すようにという、エジプトのファラオの命令から逃れる為、赤ちゃんの時に、かごに入れられてナイル川に流されてしまいます。

ところが、偶然水浴びをしていたファラオの娘に拾われて、宮殿で育てられるようになったのですが、成人に達したある日、同胞のイスラエル人がエジプト人に虐待されているのを見て、エジプト人を殺してしまいます。

そして、ファラオに命を狙われたモーゼは、アラビア半島に逃げて、羊飼いの女性と結婚して羊飼いとしてひっそりと暮らしていましたが、ある時、**モーゼに転機が訪れます。**

この時の様子は、『出エジプト記』の中に「**モーセの召命**」として描かれており、神の山ホレブで、燃える柴の中から神に語りかけられたと表現されていますが、要するに、**エロヒムの宇宙船の中からヤーウェに語りかけられた**のです。

ライトを見たことがない、何千年も前の人たちには、宇宙船が照射するライトを浴びた柴のことは、「柴は火に燃えているのに、柴は燃え尽きない」という表現しか出来なかったのです。

この時、モーゼは、選民であるイスラエル人を、エジプトから連れ出すようにという使命を、ヤーウェから与えられたのです。

モーゼがイスラエル人をエジプトから連れ出し、イスラエルの民に国を取り戻させる為に、**ヤーウェたちエロヒムは、モーゼを全面的にサポート**しています。

例えば、『出エジプト記』に書かれている「**葦の海の奇跡**」もその一つです。

モーゼが紅海に向かって手を差し伸べると、**海が二つに割れて陸地が現れ、**モーゼたちは海を渡ることが出来、エジプト軍の追撃を逃れることが出来ました。

これは、エロヒムが**宇宙船から斥力光線で水を分け、**モーゼたちが進むのを助けていたのです。

昼となく夜となくモーゼたちを導いて行った、**エロヒムの宇宙船は、「火の柱、雲の柱」**として表現されています。

「主は彼らに先立って進み、昼は**雲の柱**をもって導き、夜は**火の柱**をもって彼らを照らされたので、彼らは昼も夜も行進することができた。昼は**雲の柱**が、夜は**火の柱**が、民の先頭を離れることはなかった。」(『出エジプト記』第13章・第21・22節)

ヤーウェは、シナイ山の山頂にて、モーゼに「十戒」を授けると共に、イスラエルの民と契約を締結しました。

モーゼが、**「十戒が書かれた石板」**を受け取る為にシナイ山の山頂へ登って行った時、**モーゼもやはり、エロヒムの不死の惑星に連れて行かれたようです。**

「モーセが山に登って行くと、**雲**は山を覆った。**主の栄光**がシナイ山の上にとどまり、雲は六日の間、山を覆っていた。七日目に、主は雲の中からモーセに呼びかけられた。**主の栄光**はイスラエルの人々の目には、山の頂で燃える火のように見えた。モーセは**雲**の中に入って行き、山に登った。モーセは四十日四十夜山にいた。」（『出エジプト記』第24章・第15～18節）

モーゼはこの時、エロヒムの宇宙船の中で六日間教えを受け、それから**エロヒムの不死の惑星に連れて行かれて四十日間滞在した**ようです。

この後、モーゼはエロヒムからの指示に従って、人間の代表者がエロヒムと会う為の**「会見の幕屋」**を建設し、その中に祭壇を作りました。

モーゼが建設した「会見の幕屋」が、後に、ソロモン王が建設したエルサレム神殿の原型となり、日本の神社のルーツにもなっています。

そして、モーゼはエロヒムからの指示に従って、**「契約の箱」**を作り、ヤーウェから授かった**「十戒が書かれた石板」**を「契約の箱」の中に収め、「契約の箱」は「会見の幕屋」の中に安置されました。

「契約の箱」は古代ユダヤの秘宝であり、日本のお神輿のモデルにもなっています。

古代ユダヤの秘宝である「契約の箱」は、お神輿のように担がれて、モーゼたちと共に旅をしたのでしょう。

あいにくモーゼは、約束の地を目前にして、一二〇歳で亡くなりましたが、後継者のヨシュアが後を継ぎ、選民たちは、約束の地カナンを得ることが出来ました。

ヨシュアたちがヨルダン川を渡る時、「契約の箱」を担いだ祭司たちの足が増水していたヨルダン川に入ると、**川が上流で壁のようにせき止められて、**干上がった川床を、全員無事に渡り終えることが出来たと、『ヨシュア記』に書かれています。

これは、モーゼの「葦の海の奇跡」と同様、**斥力光線を放って川をせき止めていた**ので、実際には、科学的なことなのです。

モーゼは、一二〇歳で亡くなった後に、**エロヒムの不死の惑星で再生されて、不死の生命、永遠の生命を与えられ、現在まで生きています。**

そして、私たち人類が黄金時代の扉を開いた時、**ヤーウェらと共に宇宙船に乗って、地球にやって来るのです。**

「契約の箱」は、エロヒムとの通信機器だった

古代ユダヤの秘宝「契約の箱」の中には、実は、エロヒムと通信する為の送受信機が入っていたようです。

モーゼがヤーウェから授かった、「十戒が書かれた石板」とは、単なる二枚の石板などではなく、エロヒムと通信する為の送受信機でした。

コンピューターの心臓部であるICチップを「石」と呼びますが、**モーゼが授かった「石」の板とは、エロヒムがプログラムしたコンピューターだったようです。**

そして、**動力源として原子力エネルギー発生装置が内蔵されていた為**、取り扱い方を誤ると、感電死したり放射能を浴びてしまうので、注意が必要でした。

かつて、「契約の箱」がお神輿のように担がれて移動していた時には、危険なので一キロメートル近い距離を取るように指示されていたようです。

「契約の箱との間には約二千アンマ（九〇〇メートル）の距離をとり、それ以上近寄ってはならない。」（『ヨシュア記』第3章・第4節）

「契約の箱」の操作に注意しなかった人々が、感電死したり、放射能を浴びて腫れ物が出来る等の被害を受けた様子が、『サムエル記上・下』に書かれています。

「箱が移されて来ると、主の御手がその町に甚だしい恐慌を引き起こした。町の住民は、小さい者から大きい者までも打たれ、はれ物が彼らの間に広がった。」(『サムエル記上』第5章・第9節)

「主はベト・シェメシュの人々を打たれた。主の箱の中をのぞいたからである。主は五万のうち七十人の民を打たれた。主が民に大きな打撃を与えられたので、民は喪に服した。」(『サムエル記上』第6章・第19節)

「牛がよろめいたので、ウザは神の箱の方に手を伸ばし、箱を押さえた。ウザに対して主は怒りを発し、この過失のゆえに神はその場で彼を打たれた。ウザは神の箱の傍らで死んだ。ダビデも怒った。主がウザを打ち砕かれたためである。・・・その日、ダビデは主を恐れ、『どうして主の箱をわたしのもとに迎えることができようか』と言って、ダビデの町、自分のもとに主の箱を移すことを望まなかった。」(『サムエル記下』第6章・第6〜10節)

「契約の箱」は、動力源として特殊な原子炉を持つ、原子力エネルギー発生装置であり、原子力スーパーウェポンでもあったようです。

「契約の箱」は、モーゼの後継者であるヨシュアが、エリコの町を攻略する際、堅固な城壁を破壊する為にも使用されています。

エロヒムはヨシュアに、「契約の箱」を担いでエリコの町の城壁を一周することを、六日間続けてから、七日目には七周してから**超音波増幅装置**を使って城壁を破壊するように指示しています。（聖書では超音波増幅装置は、**角笛**と書かれています）

「角笛が鳴り渡ると、民は鬨《とき》の声をあげた。**民が角笛の音を聞いて、一斉に鬨《とき》の声をあげると、城壁が崩れ落ち、民はそれぞれ、その場から町に突入し、この町を占領した。**」（『ヨシュア記』第6章・第20節）

非常に鋭い声を持つ声楽家がクリスタルガラスにヒビを入れることが出来るように、**高度な科学によって超音波を増幅させれば、コンクリートの壁さえ倒すことが出来る**ということのようです。

イエス・キリストの使命

聖書は、エロヒムという「天空から飛来した人々」によって、地球の全生命が創造され、そして、私たち人類が誕生して歩んできた道程を記したものなので、**聖書とは、世界最古の「無神論」の書**なのです。

「天空から飛来した人々」によって生命が創造された、**エロヒムによる地球プロジェクトの記録**とでも言うべきものなのです。

何千年も前の、科学を知らない人たちの手で書かれていることもあり、かなり詩的で歪められた表現もありますが、そこには、**真実の痕跡**が残されています。

そして、人類がアポカリプス（黙示録）の時代、真実が啓示される時代を迎えて、全てを科学的に理解出来る時代が到来した時、聖書に書かれた**真実の痕跡**が必要となります。

イエス・キリストの使命は、太古からの神秘が、科学の進歩によって解明される時代の到来に備えて、聖書の記述が真実の証拠として役立つよう、聖書に書かれた真実

を、**地上全体に広めることでした。**

イスラエル人は真実を知っていたのですが、彼らが持つ「選民思想」により、他の民族には秘密にして広めようとしなかったので、イスラエルの民しか知らなかった真実を、世界中に広めることが、イエス・キリストの役割だったのです。

イエス・キリストは、「メシア」と言われていますが、**「メシア」という言葉は本来、「エロヒムにより選ばれた者」**という意味になります。

アポカリプス（黙示録）の時代、真実が啓示される時代の到来に備えて、**聖書に書かれた真実を世界中に広めるという役割を担って、エロヒムから選ばれた偉大なメッセンジャーが、イエス・キリストだったのです。**

イエス・キリストは、聖母マリアが聖霊によって身ごもり、処女懐胎したと言われていますが、実際には、**宇宙船の中で人工授精**が行われたのであり、**イエス・キリストの実の父親が、ヤーウェ**なのです。

聖母マリアは、宇宙船の中での記憶を消されてから、地上に戻されています。

聖母マリアに受胎告知した、エロハの名前が、大天使ガブリエルになります。

イエス・キリストは、大工の子として、普通に働いていたようですが、ある時、**イエスに転機が訪れます。**

イエスが洗礼者ヨハネから、ヨルダン川で洗礼（パプテスマ）を受けた時のことです。

「イエスは洗礼《パプテスマ》を受けると、すぐ水の中から上がられた。**そのとき、天がイエスに向かって開いた。イエスは、神の霊が鳩のように御自分の上に降って来るのを御覧になった。**そのとき、『これはわたしの愛する子、わたしの心に適う者』という声が、天から聞こえた。」（『マタイによる福音書』第3章・第16・17節）

「神の霊」とは、もちろん、エロヒムの宇宙船のことです。

この後イエスは、「神の霊」に導かれて、四十日四十夜、荒野をさまよい、悪魔（サタン）に誘惑されて、試みを受けたとされています。

実はこの時、**エロヒムの不死の惑星に連れて行かれて、様々な奥義を伝授され、サタンの試みを受けた**のです。

イエス・キリストは、彼が「天の父」と呼んだ、実の父親であるヤーウェに引き会わされ、自分の素性を教えられると共に、自分の使命を知らされ、様々な科学技術の手ほどきを受けました。

イエス・キリストが「天の父」と呼んだのは、抽象的な概念などではなく、エロヒムの不死の惑星にいる、彼の実の父親であるヤーウェのことだったのです。

イエスは、テレパシーによる集団催眠を用いて説得力のある話し方をする方法など、自分の使命を遂行していく為に必要な、様々な科学技術を、エロヒムの不死の惑星で伝授されました。

イエスが言う「**天の王国**」とは、エロヒムの不死の惑星のことであり、仏陀が言う「**極楽浄土**」も同じことを言っています。

奥義を伝授された時、イエスはサタンのテストを受けています。

イエスの知性が確かなものかどうか、イエスがエロヒムを敬愛しているかどうかを試されて、イエスが信頼出来ると分かったので、彼に使命の遂行が委ねられたのです。

イエス・キリストが使命を遂行する為に、**ヤーウェたちエロヒムは、全面的なサポート**をしています。

より多くの人々がイエスの元に参加するように、イエスは様々な奇跡を行ったのですが、**イエス・キリストが行ったとされる様々な奇跡とは、実際には、エロヒムの科学技術を応用したもの**なのです。

イエスが病人を治療した時、イエスはエロヒムの助けを借りて、離れた宇宙船から強力な光線をあてることによって、治療しました。

また、イエスが水の上を歩いた時、実際には、エロヒムの宇宙船から**反重力光線**を出して重力を打ち消し、イエスを支えていたのです。

イエスは、エロヒムの不死の惑星で、**不死の秘密**について教えられ、十字架に架けられて死後すぐに再生され三日後に**復活**すること、そして、**不死の生命、永遠の生命を与えられて不死の惑星で生き続け、人類が黄金時代を迎えた時には、ヤーウェたちと共に地球に再臨する**ことを告げられていました。

モーゼが死後に再生されて生きていることは前記しましたが、旧約聖書を代表する預言者とされるエリヤも、不死の生命を与えられて生きています。

モーゼとエリヤが、イエスと語り合っている様子が、『ルカによる福音書』の中に書かれています。

「イエスは、ペトロ、ヨハネ、およびヤコブを連れて、祈るために山に登られた。祈っておられるうちに、イエスの顔の様子が変わり、服は真っ白に輝いた。見ると、二人の人がイエスと語り合っていた。**モーセとエリヤである。二人は栄光に包まれて現れ、イエスがエルサレムで遂げようとしておられる最期について話していた。・・・雲**が現れて彼らを覆った。彼らが**雲**の中に包まれていくので、弟子たちは恐れた。すると、『これはわたしの子、選ばれた者。これに聞け』という声が**雲**の中から聞こえた。その声がしたとき、そこにはイエスだけがおられた。**弟子たちは沈黙を守り、見たことを当時だれにも話さなかった。**」（『ルカによる福音書』第9章・第28～36節）

エロヒムの不死の惑星で再生されて永遠の生命を得ていた**モーゼとエリヤが、エロヒムの宇宙船でイエスの元にやって来て、イエスの最期についての計画を、事前に打ち合わせしていた**のです。

イエス・キリストの使命は、太古の神秘が科学の進歩によって解明される時代の到来に備えて、聖書に書かれた真実を、地上全体に広めることでしたが、**イエス・キリストが使命を全うする為には、十字架に架けられて死亡し、三日後に復活することが必要でした。**

これは、**エロヒムの計画**によるものなのです。

イエス・キリストは、クローン人間として「復活」した

イエスは、十字架に架けられて死亡してから三日後に復活したと伝えられています。

実は、イエス・キリストは、クローン人間として「復活」したのです。

イエスは、ヨハネから洗礼を受けた後、エロヒムの不死の惑星に連れて行かれて、彼の素性や使命を教えられ、様々な奥義を伝授されて、不死の秘密も教えられました。

そして、十字架に架けられてから死亡し、三日後に、**クローン技術によって「復活」する計画**を知らされていました。

聖書には、イエスが弟子たちに、**自分が十字架に架けられて死亡し、三日後に復活する**ことを、はっきりと伝えていたことが記されています。

エロヒムは、生前のイエスの細胞を採取して保存しておき、イエスが死亡した後に、クローン人間としてイエスを「復活」させたのです。

エロヒムの高度な科学技術により、**非常に短時間で、しかも、いきなり成人としてクローン人間を再生出来た**のです。

イエスより六〇〇年程前の時代に生きたとされる、預言者エゼキエルが、**クローン人間が製造される現場をエロヒムに見せられた様子が、「枯れた骨の復活」として、『エゼキエル書』に書かれています。**

「主の手がわたしの上に臨んだ。わたしは**主の霊**によって連れ出され、ある谷の真中に降ろされた。**そこは骨でいっぱいであった。・・・**そのとき、主はわたしに言われた。『人の子よ、これらの骨は生き返ることができるか。』・・・**『見よ、わたしはお前たちの中に霊を吹き込む。すると、お前たちは生き返る。わたしは、お前たちの上に筋をおき、肉を付け、皮膚で覆い、霊を吹き込む。すると、お前たちは生き返る。**そして、お前たちはわたしが主であることを知るようになる。』

わたしは命じられたように預言した。**わたしが預言していると、音がした。見よ、カタカタと音を立てて、骨と骨とが近づいた。わたしが見ていると、見よ、それらの骨の上に筋と肉が生じ、皮膚がその上をすっかり覆った。しかし、その中に霊はなかった。**

主はわたしに言われた。『霊に預言せよ。・・・霊よ、これらの殺されたものの上に吹きつけよ。そうすれば彼らは生き返る。』

わたしは命じられたように預言した。**すると、霊が彼らの中に入り、彼らは生き返って自分の足で立った。**彼らは非常に大きな集団となった。」（『エゼキエル書』第37章・第1～10節）

エゼキエルは、クローン人間合成装置の中で、いきなり成人として人間が合成された瞬間を目撃しています。

「その中に霊はなかった」というのは、記憶や性格など生前の脳の情報が、まだ合成されたばかりの人間にインプットされていないことを表しており、**生前の脳の情報を転送してインプットすることで、クローン人間が復活した様子**が描かれています。

イエスよりも六〇〇年も前の時代に既に、エロヒムは、非常に短時間でクローン人間を復活させる科学技術を持っていました。

イエスが生前、三日後の復活を預言し、また、終末の時に再臨することを告げていたのは、エロヒムの高度なクローン技術による、不死の生命の秘密を教えられ、永遠の生命を与えられることを、エロヒムに約束されていたからなのです。

イエス・キリストの再臨とは

イエス・キリストは、エロヒムの計画により、十字架に架けられて死亡し、三日後に、クローン人間として「復活」しました。

イエスの使命を全うする為には、このことが必要であり、イエスも承知していました。

イエスの使命は、真実が啓示される時代、アポカリプス（黙示録）の時代の到来に備えて、聖書に記述された真実を、世界中に広めることでした。

そして、科学的に全てが理解可能となる時代が到来し、**私たち人類が黄金時代の扉を開いた時には、イエス・キリストは、ヤーウェたちと共に、宇宙船に乗って地球にやって来る**のです。

イエスが告げた、**イエス・キリストの再臨**とは、このことなのです。

「あなたたちは、**人の子が全能の神の右に座り、天の雲に囲まれて来る**のを見る。」

（『マルコによる福音書』第14章・第62節）

エロヒムが地球に戻って来た時、彼らが侵略者や略奪者と見なされないように真実を広めておく為には、イエス・キリストが十字架に架けられて死んでから三日後に**復活**し、さらに、終末の時に**再臨**することを告げて、聖書と福音書が役立つようにしておく必要がありました。

エロヒムの行為と存在の痕跡を保存し、彼らが地球にやって来た時に、そのことが分かるようにしておく為には、このことが必要だったのです。

イエスが十字架に架けられて亡くなり、死後三日後に**復活**することは、イエスも事前に知らされていた**エロヒムの計画**であり、全ては、私たち人類が黄金時代の扉を開いた時に、**ヤーウェを中心とするエロヒムの帰還とイエスの再臨が実現する**時の為のものなのです。

仏陀生誕の秘密とルシファー

モーゼやイエス・キリストと同様、仏陀もまた、エロヒムが人類を導く為に遣わした、偉大なメッセンジャーでした。

イエスの実の父親がヤーウェであり、エロヒムと地球人の女性マリアとの間に生まれたハーフであったように、**仏陀もまた、エロヒムと人間の女性との間に生まれたハーフだった**ようです。

そして、仏陀の実の父親は、ヤーウェか、ルシファーだったと考えられます。

仏陀の母親である摩耶夫人《まやぶにん》が仏陀を身ごもった時、**天から六本の牙を持つ白象が右脇から胎内に入る夢を見た**と伝えられています。

白象はナーガと言いますが、**ナーガとは元々はサンスクリット語で「蛇」を表す言葉であり、「蛇」はルシファーのシンボル**でもありました。

摩耶夫人《まやぶにん》がナーガ族の出身というのも興味深いものがありますが、**仏陀が「悟り」を開く時はナーガが守護した**とされており、ナーガは後に**竜王**として取り入れられ、

仏教の守護神ともなっています。

仏陀は「悟り」を開いた後、弟子たちに自分のことをナーガと言っていたことが、気龍氏の『アムリタへの道』に書かれていますので、ご紹介致します。

「そのような時、東洋のある所でひとりの男がこんなことを言い始めた。

『わたしはナーガ（へび）である！』と。仏陀によるナーガ宣言である。

『仏陀よ、あなたはナーガの名をもち、あなたは弟子たちに真理の雨をふらすのです。』（『長老の詩』一二四〇）

『両足をもつ者の最上者よ！この神の中の神をわたしは礼拝します。**わたくしはあなたの子として生まれ、大勇者にしてナーガの正系なるナーガを礼拝します』**（『長老の詩』一二七九）

このように最初期の仏教徒たちは、ナーガ（“へび”）の栄光を讃え、**ナーガの正しい系譜をもった仏陀**には、最大の敬意をあらわしたのであった。**仏陀によって、再び“へび”が蘇ったのである。彼は“へび”の栄光を取り戻し「創造者と創造物とのきずな」をふたたび結びつけた。**」（太字引用者）

地球に来ていたエロヒムの科学者たちの中心的存在がルシファーであり、アダムとイブに「禁断の果実」を食べさせた「蛇」として『創世記』にも書かれていますが、**彼のチームのニックネーム「蛇」は、ルシファーのシンボル**ともなっていました。

また、遺伝子（ＤＮＡ）を操作して生命を操り、死と再生を操ることが出来たルシファーは、**遺伝子（ＤＮＡ）の二重らせん構造を表す、二匹のらせん状に絡み合った蛇**とも関係しています。

世界各地には、シュメール時代のグデア王の奉納の壺や、唐代の伏犠と女媧の図、古代ギリシャの死と再生の神ヘルメスが持っていた二匹の蛇が絡む蛇杖など、**二匹の蛇がらせん状に絡み合った図が見られますが、これらのルーツはルシファー**なのです。

「蛇」をシンボルとするルシファーへの信仰が、やがて「龍」という架空の生き物を生み、**仏教の守護神である竜王**にも繋がっていくのですが、**仏教にはルシファーが深く関わっており、仏陀の実の父親であった可能性だけではなく、仏陀が得た「悟り」というのも、実は、ルシファーたちエロヒムによって伝授された奥義だったのです。**

仏陀が菩提樹の下で開いた「悟り」とは

仏陀は、エロヒムが人類を導く為に遣わした、偉大なメッセンジャーの一人であり、ルシファーが全面的に関わってサポートしていました。

仏陀は王族に生まれ、何不自由無く暮らしていましたが、二九歳の時に出家して、数年間厳しい修行を続けた後、ブッダガヤにある菩提樹の下で四九日間瞑想して「悟り」を開いたと言われています。

実は、菩提樹の下で四九日間瞑想して「悟り」を開いたと言われている期間、仏陀もまた、エロヒムの不死の惑星に連れて行かれて、奥義を伝授されていました。

菩提樹とはイチジクの木のことで、元々「神々が集まる場所」とか「不死の秘密を観察する場所」という意味があるようです。

仏陀は、「神々が集まる場所」である、エロヒムの不死の惑星に宇宙船で連れて行かれて、四九日間、エロヒムから地球の真実を教わり、エロヒムのメッセンジャーとしての使命を遂行する為の奥義を伝授されました。

仏陀が菩提樹の下で開いた「悟り」とは、実は、このことだったのです。

四九日間瞑想して、「悟り」を開いた訳ではありません。


元々、仏陀の「悟り」を表した最も古い表現として仏典に残っているのが、**「私はアムリタ（不死）を得た・・・」**という言葉だそうです。

アムリタとは、サンスクリット語で「不死の飲み物」という意味になります。

仏陀は、エロヒムの不死の惑星に連れて行かれた時、**不死の秘密**を伝授されると共に、地球での使命を終えて亡くなった後、**エロヒムの不死の惑星で再生されて、不死の生命、永遠の生命を与えられることを約束された**のです。


仏教には、「涅槃《ねはん》」という言葉があり、究極的目標である永遠の平和、最高の喜び、安楽の世界を意味する、「悟り」の最高の境地ともされています。

「涅槃《ねはん》」とは、抽象的な概念のように聞こえますが、実際には、**仏陀が言う「涅槃《ねはん》」とは、エロヒムの不死の惑星のこと**を言っているようです。

仏陀は、「涅槃《ねはん》」のことを、「この世で見ることが出来」、「明白で」、「現実的で」、

「現世の事柄である」と教えており、**ヨガ行者の中で自分だけが「涅槃《ねはん》」を見て、それを所有していることを強調していた**ようです。

また、西方十万億土彼方にある**「極楽浄土」**というのも、抽象的な概念などではなく、仏陀が見たエロヒムの不死の惑星の楽園のような世界のことを表現しています。

仏陀が「悟り」を開く時、悪魔マーラにより誘惑を受けたとされていますが、これは、**サタンに試みを受けた**のです。

イエス・キリストがエロヒムの不死の惑星で奥義を伝授された時、サタンに試されたように、仏陀もまた、エロヒムの不死の惑星で奥義を伝授される時、エロヒムのメッセンジャーとしての資質をサタンに試されました。

仏陀は死後、エロヒムの不死の惑星で再生されて、不死の生命、永遠の生命を得て今も生き続けており、私たち人類が黄金時代の扉を開いた時、ヤーウェたちエロヒムと共に宇宙船に乗って地球にやって来るのです。

仏教では、宇宙船は、**「輪宝」**、**「天蓋」**として表現されています。

マホメットとイスラム教

イスラム教の開祖であるマホメットも、エロヒムから遣わされたメッセンジャーの一人です。

マホメットは、ユダヤ教とキリスト教の流れを受け継いで、エロヒムから派遣されたメッセンジャーでした。

ユダヤ教徒は、旧約聖書に書かれた真実を知っていたのですが、彼らが持つ「選民思想」により、他の民族には秘密にして広めようとはしなかったので、聖書に書かれた真実を地上全体に広める役割を担って、イエス・キリストが派遣されました。

確かに、聖書は世界中に広まっていったのですが、キリスト教徒たちは、**エロヒムから遣わされたメッセンジャーにしか過ぎないイエス・キリストを、神として崇めるという間違い**を犯してしまいました。

この為、**ユダヤ教徒とキリスト教徒の過ちを指摘する役割を担ったメッセンジャー**として、エロヒムから派遣されたのが、マホメットだったのです。

マホメットは、イエスも自分も、使徒にしか過ぎないと言っています。

「マリアの子メシアは、ただの使徒に過ぎない。彼より以前にも多くの使徒が出た。」（『コーラン』5．75）

「マホメットはただの使徒にすぎない。彼より以前にもたくさんの使徒が過ぎ去っていった。」（『コーラン』3．１４４）

マホメットは、メッカの町に生まれた商人でしたが、四〇歳頃、彼の人生に**転機が訪れます。**

マホメットは、メッカ郊外のヒラー山の洞窟で、しばしば瞑想を行うようになるのですが、ある時、瞑想中に突然、**大天使ガブリエルが現れて、神から託された第一の啓示を与えられました。**

後にコーランの一節にもなる、**「創造主であるお前の主の名において。主は、一滴の凝血から人間を創造した。・・・」**を読むように言われたのです。

マホメットは、これが真実の啓示だとは分からず、悪神にとり憑かれたのだと思い、恐ろしくなって家に逃げ帰りましたが、冷静な妻のハディージャに励まされて、これが真の神からの啓示であると信じるようになります。

その後も次々と啓示が下されるようになり、マホメットの妻のハディージャが最初の信者になりました。

預言者としての自覚に目覚めたマホメットは、彼が受け取った啓示を、近親者に説くようになり、これがイスラム教になりました。

マホメット自身は、ほとんど読み書きの出来ない文盲であった為、彼に下された啓示は口伝で伝承され、後にイスラム教の聖典コーランとしてまとめられたようです。

イスラム教における唯一絶対神**アラー**とは、エロハという言葉から来ており、ユダヤ教における唯一絶対神ヤーウェのことなのです。

これは、当時の人たちが、ヤーウェを崇拝するあまり本当の名前で呼ぶのは畏れ多いと考えて、エロハと呼んでいたことに由来します。

イスラム教における唯一神**アラー**とは、ユダヤ教における唯一神**ヤーウェ**のことであり、イエス・キリストが**「天の父」**と呼んだ、イエスの実の父親である、**エロヒム**

の惑星の不死会議の議長ヤーウェのことなのです。

マホメットの前に突然現れて、啓示を与えた大天使ガブリエルとは、聖母マリアに受胎告知をした、ガブリエルという名のエロハになります。

マホメットの前に最初に現れた時、大天使ガブリエルは、遥か彼方から一気に空を飛んで来て、空中に浮かんでいたようです。

空間を移動する為の**ジェット噴射装置**のようなものを背中に付けたエロヒムの姿は、聖書などにおける、**背中に羽が生えた天使**というイメージの元になっています。

マホメットは、預言者としての活動を開始するようになってから、ある時、**エロヒムの不死の惑星に連れて行かれた可能性**があります。

ある夜更けに、マホメットの元に大天使ガブリエルが突然現れ、彼を白馬に乗せてエルサレムまで飛んで行き、その後、稲妻のような速さで七つの天界を旅したそうです。

そして、それぞれの天界でモーゼやイエス・キリストなどの預言者たちと挨拶を交わし、七番目の天界で、イスラム教の唯一神アラーに会ったという伝説があります。
この体験の後、マホメットは一日に五回の礼拝を命じるようになり、「深く信じる人」と呼ばれるようになったようです。

マホメットも、死後にエロヒムの不死の惑星で再生され、不死の生命、永遠の生命を与えられて今も生きており、私たち人類が黄金時代の扉を開いた時には、**ヤーウェを中心とするエロヒムの宇宙船に乗って、地球にやって来るのです。**

エロヒムの不死の惑星での再生――永遠の生命

モーゼ、仏陀、イエス・キリスト、マホメットなど、今までに**約四十人のメッセンジャーたち**が、人類を導く為にエロヒムから遣わされたそうです。

それらの人たちは皆、**死後にエロヒムの不死の惑星で再生**され、不死の生命、永遠の生命を与えられて、今も生き続けています。

そして、私たち人類が黄金時代の扉を開いた時には、**ヤーウェを中心とするエロヒムの宇宙船に乗って、地球にやって来るのです。**

また、人類史において、様々な偉業を成し遂げたり、人々に多大な貢献をした人々も、**約八四〇〇人、エロヒムの不死の惑星で死後に再生**されて、不死の生命、永遠の生命を得ています。

そして、私たち一人ひとりも、地球に貢献したことが認められれば、**エロヒムの不死の惑星で死後に再生されて、不死の生命、永遠の生命を得ることが可能**なのです。

エロヒムの偉大なる帰還——人類の黄金時代の幕開け

私たち人類の創造者であるエロヒムは、もし私たち人類が望めば、地球を公式に訪問したいと望んでおり、エロヒムを迎える為の大使館の建設を希望しています。

しかしあくまでも、**私たち人類がエロヒムの存在を歓迎した場合にのみ**帰還したいと言っていますので、エロヒムを迎える為の公式な大使館を建設して、彼らを招待する意志表示をすることが必要になります。

大使館は、古代の聖典に予言されていた、**「第三神殿」**となることでしょう。

そこは、治外法権が与えられ、中立の空域が保証された中立の土地に建設される必要があります。

エロヒムを迎える為の大使館を建設して、彼らを歓迎する意志表示をした時に、**エロヒムは宇宙船に乗って、公式に地球を訪問する**ことになるでしょう。

そして、エロヒムの惑星の不死会議の議長であるヤーウェに率いられて、モーゼ、仏陀、イエス・キリスト、マホメットなど、古代の預言者たちも、地球にやって来ることになります。

イエス・キリストの再臨とは、このことなのです。

人類を救済する為に、イエス・キリストが再臨して来る訳ではありません。

真実が啓示される時代、アポカリプス（黙示録）の時代を迎えて、私たち人類が科学の力で全てを理解出来るようになり、科学の偉大な秘密によって、私たち人類もまた創造者と同等になれるのだということを自覚した時、キリストは再臨するのです。

イエス・キリストが再臨して人類が救済される訳ではなく、**私たち人類が、人間に秘められた可能性に目覚め、科学の力で自分たちも創造者になれるのだと自覚出来た時初めて、イエス・キリストは再臨するのです。**

エロヒムを迎える為の大使館が建設され、**エロヒムの偉大なる帰還**が実現した時、有史以来数千年続いた、人類の古い歴史は幕を閉じます。

そして、人類の新しい歴史が幕を開け、私たち人類の黄金時代、「花咲く都・黄金文明」、キリスト教の世界で言われる「至福千年王国」が、幕開けする時を迎えるのです。

イエス・キリストの再臨と、至福千年王国

エロヒムを迎える為の大使館が建設されて、エロヒムの偉大なる帰還が実現した時、**イエス・キリストは、彼の実の父親であり、エロヒムの惑星の不死会議の議長であるヤーウェと共に、宇宙船に乗って地球にやって来る**ことになります。

エロヒムは、今までに約四〇人のメッセンジャーたちを地球に遣わしたそうなので、**キリストだけでなく、モーゼ、仏陀、マホメットなど、古代の預言者たち全員が、ヤーウェに率いられて、地球にやって来る**ことになるでしょう。

イエス・キリストの再臨とは、このことなのです。

エロヒムが公式に地球を訪問する時代が到来した時、エロヒムは、彼らが持つ科学的知識を、遺産として私たち人類に伝授したいと言っています。

人類の親であるエロヒムは、今の地球の科学よりも二五〇〇〇年も進んだ高度な科学を、子供である私たち人類に、遺産として伝授することを希望しているのです。

イエス・キリストが言う**「天の国の秘密」**とは、このことだったのです。

「あなたがたには天の国の秘密を悟ることが許されている・・・」(『マタイによる福音書』第13章・第11節)

今の地球の科学よりも二五〇〇〇年も進んだ**科学を伝授されることになれば、地球上の全ての問題を徐々に解決出来るようになる**でしょう。

その時、私たち人類は、科学が持つ力により、地上の楽園を実現させることが出来るようになります。

科学が人間に奉仕する黄金時代が到来し、私たち人類が待ちに待った、全人類の春を迎えるのです。

もはや、国と国、民族と民族、宗教と宗教が相争うことの無い、平和で自由で豊かな、喜びに満ちた世界が花開き、**地球は宇宙時代を迎えます。**

キリスト教の世界で言われる「至福千年王国」とは、このことなのです。

伝統的宗教が役割を終える時

伝統的宗教が果たしてきた役割は、もはや終わりの時を迎えようとしています。

真実が啓示されるアポカリプス（黙示録）の時代を迎えて、全てが科学的に理解可能となる時代が到来するまで、**人々を導く為のメッセンジャーとして、モーゼ、仏陀、キリスト、マホメットなどの預言者たちを、エロヒムは地球に遣わしてきました。**

科学の偉大な秘密を理解し、人間に秘められた可能性に目覚め、人類の黄金時代を迎えられる時まで、私たち人類には、**宗教という「松葉杖」**が必要だったからです。

世界三大宗教の開祖である、イエス・キリスト、マホメット、仏陀たちは何れも、科学的に全てが理解可能となる時代を迎えるまで、**宗教という「松葉杖」を必要とする人類を導く為のメッセンジャー**として、エロヒムから派遣されたのです。

彼らは決して、人類を救うたった一人の救世主として派遣された訳ではありません。

この二一世紀において、近い将来、エロヒムを迎える為の大使館が建設され、エロヒムの偉大なる帰還が実現する時を迎えます。

人類の創造者であるエロヒムが、宇宙船に乗って、公式に地球を訪問する時代が到来するのです。

その時、真実は、世界中の誰の目にも明らかになります。

人類が何千年もの長い間、神と崇めてきたのは、不可視的で超自然の全能の存在などではなく、私たちと同じ人間であることを理解する時を迎えるのです。

地球の全生命が、他の惑星からやって来た異星人たちによって、科学的に創造されたのだということを理解し、私たち人類もまた、科学の力により、創造者になれるのだということを自覚する時を迎えるのです。

その時、**伝統的宗教が果たしてきた役割は、終焉の時を迎える**ことになります。

既存の宗教の多くは、その存在意義を失い、役割を終えて、何れ消えていくことになりますが、私たち人類の意識がどんなに進化しても無くならない宗教というものが、たった一つだけあります。

それは、「無限」の宗教とでも呼ぶべきものであり、人類の創造者であるエロヒムが持っている唯一の宗教が、「無限」の宗教なのです。

人類の創造者エロヒムが持っている唯一の宗教は「無限」の宗教

私たち人類が長い間、神と崇めてきた存在は、私たちと同じ人間、即ち、高度な科学を持ち、他の惑星からやって来た、異星人エロヒムのことでした。

エロヒムは、私たち人類が持っているような、現世利益を求めたり、助けや救いを求めたりするような宗教は、一切持っていません。

彼らは、高度な科学によって、楽園のような世界を実現させているからです。

そして、エロヒムが持っている唯一の宗教が、「無限」の宗教なのです。

時間においても空間においても「無限」である、「無限」の大宇宙そのものへの信仰心なのです。

今の地球の科学より二五〇〇〇年も進んだ高度な科学を持っているエロヒムは、この大宇宙が、時間においても、空間においても、「無限」であることを発見しました。

そして、時間においても空間においても「無限」の大宇宙においては、高度な科学を持っているエロヒムでさえ「宇宙の塵」に等しいことを理解しました。

エロヒムは、彼ら自身のことを、**「宇宙の塵」**にしか過ぎないと言っています。

そして、時間においても空間においても「無限」の大宇宙、即ち、「無限」というものへの信仰心を持ち、「無限」というものを、五感を使って感じ取っているのです。

時間においても空間においても「無限」の大宇宙そのものへの信仰心を、仮に、宗教という言葉で表現するとしたら、それは、**「無限」の宗教**ということになります。

「無限」の大宇宙そのものへの、純粋な畏敬の念、感謝の念、信仰心なのです。

人類の創造者であるエロヒムが持っている唯一の宗教が、「無限」の宗教なのです。

「無限」という宇宙的意識のレベルに到達した生命体にとって、**この「無限」の宗教というのは、絶対の宗教となり、それはまた、永遠の宗教ともなります。**

私たち人類の親であり、二五〇〇〇年も進んだ文明を持っているエロヒムが、この**「無限」の宗教**に忠実であるということが、その証であり、それはまた、私たち人類の未来の姿でもあるのです。

将来、私たち人類が宇宙レベルの意識状態に到達した時、全ての人たちが、この「無限」の宗教を信仰するようになるでしょう。

地球の全生命は、「生物コンピューター」

私たち人間を始め、植物も動物も、地球の全ての生命は、エロヒムの高度な遺伝子工学によって創造されました。

地球の全生命は、エロヒムの高度な遺伝子工学によって科学的に創造されたものなので、私たち人間を始め、動物も植物も、地球の全ての生命というのは、実際には、「生物コンピューター」にしか過ぎないのです。

地球の全生命というのは、マイクロチップの代わりに、遺伝子（ＤＮＡ）を組み込まれた「生物コンピューター」なのです。

現代の私たち人類が、マイクロチップを組み込んでコンピューターを作っているのと同じように、**人類よりも遥かに高度な科学を持っていたエロヒムは、遺伝子（ＤＮＡ）を組み込んだ「生物コンピューター」である地球の動植物を創造したのです。**

地球の全生命は、**「生物コンピューター」**なのです。

宗教が持つ神秘性は、科学的に解明される時が来る

地球の全生命は、科学的に創造されたものなので、科学と宗教とは、本来、別々のものではなく、同じ母から生まれた兄弟のようなものなのです。

宗教に見られる神秘性というものも、実際には、科学的なことなので、何れ、科学的に全てが解明されるようになるでしょう。

この点に関して、理学博士の戸来優次氏の『複製された神の遺伝子』の中に、興味深い文章がありますので、少し長くなりますが引用させていただきます。

「しかし、神と呼ばれたエロヒムが我々の前に姿を現せば、エロヒムが地球に対して施してきた歴史が全て明らかになるはずである。**また、彼らは人間を含めた地球上の全生物の創造主である以上、あらゆる生命現象を全て知り尽くしている事は明白である。**時計職人が時計の構造を全て知り尽くしているように、**彼らは被造物である全生物の構造を知り尽くしているのである。そんな彼らが全ての生命現象を明らかにすれば、心や意識、霊魂といった神秘主義的なビジョンを提供する事柄はことごとく自然**

科学的に説明されるに違いない。そうなれば、神秘的傾向を含むことを前提とする宗教は、その存在意義を失うはずである。

この事に関連して、一九八七年にノーベル医学生理学賞をとった利根川進氏が、立花隆氏のインタビューに対して興味のあるコメントを述べている。

（立花）「**遺伝子によって生命現象の大枠が決められているとすると、基本的には、生命の神秘なんてものはないということになりますか。**」

（利根川）「神秘というのは、要するに理解できないということでしょう。生物というのは、もともと地球上にあったものではなくて、無生物からできたものですよね。**無生物からできたものであれば、物理学及び化学の方法論で解明できるものである。要するに、生物は非常に複雑な機械にすぎないと思いますね。**」

（立花）「そうすると、人間の精神現象なんかも含めて、**生命現象は全て物質レベルで説明がつけられる**ということになりますか。」

（利根川）「そうだと思いますね。もちろん今はできないけど、いずれできるようになると思いますよ。・・・例えば、人間が考えるということとか、エモーションなんかにしても、物質的に説明できるようになると思いますね。**今はわからないことが多**

いからそういう精神現象は神秘的な生命現象だと思われているけど、わかれば神秘でも何でもなくなるわけです。」（『精神と物質』立花隆、利根川進著　文春文庫）

利根川進氏は、生物は非常に複雑な機械であり、神秘的な生命現象と思われている精神現象もいずれ還元論的に説明されると述べているわけだが、まさにその通りだと思う。」（太字引用者）

地球の全生命は、科学的に創造された「生物コンピューター」なので、神秘的な生命現象と思われている精神現象なども、何れは科学的に解明されていくことになります。

宗教が持つ神秘性も、何れ科学によって明らかにされることになるでしょう。

また、「神界」と呼ばれている世界も、エロヒムの世界のことなので、実際には、科学的なことだということが理解されるようになるでしょう。

神界とは、地球に対しては「全能」のエロヒムの世界のこと

地球の全生命の創造者は異星人エロヒムであり、エロヒムは、高度な科学技術によって、地球の大陸（大地）を創造し、植物、動物、そして私たち人間を創造しました。

そして、地球の気候なども全て科学的にコントロールしています。

人々が「神界」と呼んでいる世界は、実際には、「地球神界」とでも呼ぶべき、地球の全生命の創造主であるエロヒムの世界のことなのです。

エロヒムは、地球に対しては「全能」なので、地球の全生命を司っているのは、エロヒムなのです。

エロヒムは、私たち一人ひとりの人間の全てを、誕生から死に至るまで観察し、記録しています。

エロヒムの惑星にある何台もの巨大なスーパーコンピューターが、全ての人間の行動を常に監視し、誕生から死に至るまでの全てを記録しているのです。

そして、生前の行いによって、不死の生命に値すると評価された一部の地球人たち

は、死後にエロヒムの不死の惑星で再生されて、永遠の生命を与えられています。また、特に悪い方向に進んだ人たちは、死後も細胞を保存されて時が来ると再生され、裁きを受け、相応の刑に服することになります。

何故、エロヒムの惑星のスーパーコンピューターが、私たち地球人一人ひとりの行動の全てを、誕生から死に至るまで記録出来るかと言うと、私たち人間は、エロヒムが創造した「生物コンピューター」にしか過ぎないので、全てをデータとして科学的に記録し、保存することが出来るからなのです。

私たち人間だけではなく、動物も植物も、地球上の全ての生物は、エロヒムが創造した「生物コンピューター」なので、地球の動植物や人間も含めた全ての生命は、エロヒムのスーパーコンピューターによって管理されているのです。

地球の全生命を司っているのは、創造者であるエロヒムの科学なのです。

気象なども含めて、地球の生命の全ての営みは、創造者であるエロヒムの科学によって運営されています。

今の地球の科学でも、気象をコントロール出来るような技術が生まれています。

また、「火星テラフォーミング」のように、火星に大気を作って人間が住めるような惑星に作り変えてしまおうという、「地球化」、「惑星化」のプロジェクトも取り沙汰されるような科学的水準に、私たちも到達しています。

「生物コンピューター」である地球の全生命の営みを司り、気象なども全てコントロールしているのは、創造者であるエロヒムの科学なのです。


多くの人たちが、神という概念に対して抱く、全てを見抜き見通しで、不可視的で超自然の全知全能の存在というのは、実際には、**創造者であるエロヒムの科学なのであり、エロヒムの惑星のスーパーコンピューターによって管理されているの**です。

エロヒムの高度な科学によって地球の全生命は創造され、運営されていますので、**創造主であるエロヒムは、地球に対しては「全能」なのです。**

エロヒムは、地球に対しては「全能」なので、「神界」と呼ばれている世界も、実際には、エロヒムの惑星のことなのです。

「無限」の大宇宙の中では、エロヒムも「宇宙の塵」に過ぎない

エロヒムは、今の地球の科学よりも二五〇〇〇年も進んだ高度な科学を持っており、地球という惑星にやって来て、地球の全生命を科学的に創造しました。

宗教で語られる神とは、エロヒムのことであり、「神界」と呼ばれている世界も、実際には、エロヒムの惑星のことなのです。

エロヒムは、高度な科学によって、この大宇宙が、時間においても空間においても「無限」であることを発見しました。

そして、時間においても空間においても「無限」の大宇宙の中では、高度な文明を持つエロヒムですら「宇宙の塵」に等しい存在であることを理解しました。

エロヒムは、彼ら自身のことを「宇宙の塵」にしか過ぎないと言っています。

そして、「無限」の大宇宙に対する畏敬の念を持ち、彼らの唯一の宗教である「無限」の宗教を信仰しているのです。

次の「大宇宙の根本創造主は大宇宙意識（無限）」編においては、この「無限」の大宇宙というものについて考察を進めていきたいと思います。

大宇宙の根本創造主は
大宇宙意識（無限）

大宇宙意識（無限）という、もう一つの神

「地球の全生命の創造者は異星人エロヒム」編において、地球の全生命の創造者は宇宙人エロヒムのことであり、宗教において神と崇められてきた存在は、実際には、高度な科学を持ち、他の惑星からやって来た人間の科学者たち、即ち、異星人エロヒムであることを説明しました。

人類の創造者であるエロヒムと、私たち人間との隔たりは、文明の隔たりにしか過ぎず、科学技術の隔たりでしかありません。

エロヒムは、あくまでも、他の惑星に住む人間たちであり、**高度な科学技術によって、エロヒムは地球の全生命の創造主となることが出来たのです。**

今の地球の科学よりも二五〇〇〇年も進んだ高度な科学を持つエロヒムは、この大宇宙が、時間においても空間においても「無限」であることを発見し、**「無限」の大宇宙においては、高度な科学文明を持つエロヒムですら「宇宙の塵」に等しい存在であることを理解しました。**

エロヒムは、彼ら自身のことを、**「宇宙の塵」**にしか過ぎないと言っています。

そして、彼らの唯一の宗教である**「無限」の宗教**を信仰し、時間においても空間においても「無限」の大宇宙そのものへの畏敬の念、崇敬の念を感じているのです。


これから、この「大宇宙の根本創造主は大宇宙意識（無限）」編において、**「大宇宙意識（無限）」という、もう一つの神**について、話を進めていきたいと思います。

時間においても空間においても「無限」の大宇宙には、それを生み出す元になった、大宇宙の根本主体、大宇宙の根本創造主とも言うべき存在があります。


それは、唯一にして絶対、至高の存在であり、全知全能の「無限」の「想像力＝創造力《そうぞうりょく》」を持った、一つの**「純粋意識」**なのです。

大宇宙の根本主体であり、大宇宙の根本創造主である、一つの「純粋意識」のことを、本書においては、便宜上、**大宇宙意識**と呼ぶことにします。

時間においても空間においても「無限」の大宇宙の全ては、大宇宙意識が「想像＝創造《そうぞう》」したものなのです。

実は、時間においても空間においても「無限」の大宇宙に本当に実在しているのは、**大宇宙意識だけ**なのです。

大宇宙の根本主体であり、大宇宙の根本創造主である大宇宙意識とは、私たち人間が、「神」という言葉からイメージするような概念を遥かに超えた、もっとスーパーな存在なのです。

そのことに関しては、拙書『根本創造主（大宇宙意識）という唯一の実在』や『何故、未来は100パーセント確定しているのか』の中で、詳しく書いてありますので、本書においては、要点だけ簡潔に書き記すことにしたいと思いますが、まだお読みになられていない方は、是非、上記二冊もお読みいただくことを、お勧め致します。

それでは、時間においても空間においても「無限」の大宇宙における唯一の実在である、大宇宙意識という存在について、話を進めていくことに致します。

大宇宙意識という唯一の実在

この大宇宙に本当に実在しているのは、大宇宙の根本主体であり、大宇宙の根本創造主である、大宇宙意識だけです。

このことを知る為には、私たちが見ている、この物理的大宇宙が仮相（仮の姿）の世界であり、バーチャルリアリティー（仮想現実）の世界であり、大宇宙の実相（本質）の世界ではないことを知る必要があります。

大宇宙は、大宇宙の実相（本質）の世界である絶対世界と、大宇宙の仮相（仮の姿）の世界である相対世界から成り立っています。

大宇宙は、絶対世界と相対世界から成り立っているのです。

私たちが見ている物理的大宇宙は、相対世界に属しますので、大宇宙の仮相（仮の姿）の世界であり、実相（本質）の世界ではありません。

まずは、このことを理解する必要があります。

では、大宇宙の本質の世界である絶対世界とはどのような世界なのでしょうか？

絶対世界――大宇宙の実相（本質）の世界とは

絶対世界とは、大宇宙の実相の世界であり、大宇宙の本質の世界です。

絶対世界とは、大宇宙の全てのエネルギーの源となる根源の世界であり、そこは、非物質な世界です。

この大宇宙の本質は、どこまでも非物質なものなのです。

絶対世界とは、時空を超越した根源の世界なので、絶対世界には、時間も無ければ、空間もありません。

そこに唯一実在しているのは、大宇宙意識だけです。

大宇宙の根本主体であり、大宇宙の根本創造主である大宇宙意識とは、唯一にして絶対、至高の存在であり、全知全能の「無限」の「想像力＝創造力《そうぞうりょく》」を持った、一つの「純粋意識」なのです。

物理的大宇宙（相対世界）の全ては、大宇宙意識が「想像＝創造《そうぞう》」したものなのです。

絶対世界には、時間というものは存在しておらず、そこにはただ、「永遠《とわ》の中今」とでも呼ぶべき、「今」という名の「永遠《えいえん》の時」だけが実在しています。

絶対世界には、「永遠《とわ》の中今」とでも呼ぶべき、「今」という名の「永遠《えいえん》の時」の中に、大宇宙の根本主体・根本創造主である大宇宙意識だけが実在しているのです。

絶対世界とは、時空を超越した根源の世界であり、そこには、**大宇宙の過去・現在・未来の全て、大宇宙の全てが、「永遠《とわ》の中今」とでも呼ぶべき、「今」という名の「永遠《えいえん》の時」の中に実在している**のです。

では、大宇宙の仮相（仮の姿）の世界である相対世界とは、どのような世界なのでしょうか？

相対世界――大宇宙の仮相（仮の姿）の世界とは

大宇宙の仮相（仮の姿）の世界である相対世界とは、**絶対世界において大宇宙意識が「想像《そうぞう》」したイメージを映し出して体験する為の「鏡」の世界であり、絶対世界の「映《うつ》し世」として「創造《そうぞう》」されている世界です。**

大宇宙意識の全知全能の光によって「想像＝創造《そうぞう》」された、バーチャルリアリティー（仮想現実）の世界であり、幻の世界なのです。

大宇宙意識とは、全知全能の「無限」の「想像力＝創造力《そうぞうりょく》」を持った「純粋意識」として実在していますので、自らが「想像《そうぞう》」したイメージを映し出して体験する為には、相対世界である物理的大宇宙を「創造《そうぞう》」することが必要なのです。

絶対世界と相対世界は、表裏一体、密接不可分の関係として同時に存在しています。

大宇宙の実相（本質）の世界である絶対世界には、時間も空間も存在しませんが、大宇宙の仮相（仮の姿）の世界である相対世界（物理的大宇宙）は、「時間と空間」という座標軸から成り立っている世界です。

大宇宙意識が唯一行っているのは、「想像=創造《そうぞう》」という仕事

イメージするという意味の「想像《そうぞう》」と、クリエイトするという意味の「創造《そうぞう》」は、どちらも「そうぞう」という同じ言霊《ことだま》を持っています。

実は、大宇宙の本質の世界においては、「想像《そうぞう》」も「創造《そうぞう》」も、同じことなのです。

「想像《そうぞう》」=「創造《そうぞう》」ということになります。

大宇宙意識とは、唯一にして絶対、至高の存在であり、全知全能の「無限」の「想像力=創造力《そうぞうりょく》」を持った「純粋意識」なので、**自らが「想像《そうぞう》」したイメージを一〇〇パーセント、自らが持つ全知全能の光によって物理的大宇宙（相対世界）に「創造《そうぞう》」することが出来ます。**

全知全能の「純粋意識」である大宇宙意識にとっては、「想像《そうぞう》」も「創造《そうぞう》」も、同じことなのです。

絶対世界における大宇宙意識の「想像《そうぞう》」（イマジネーション）
=相対世界である物理的大宇宙に「創造《そうぞう》」（クリエーション）

大宇宙の根本主体であり、大宇宙の根本創造主である**大宇宙意識が唯一行っているのは、「想像＝創造《そうぞう》」という仕事**です。

この大宇宙に、ありとあらゆる全てのもの、「想像＝創造《そうぞう》」し得る限りの全てのものを生み出すというのが、大宇宙意識の仕事になります。

大宇宙の根本主体であり、大宇宙の根本創造主である大宇宙意識が唯一行っているのは、「想像＝創造《そうぞう》」という仕事であり、**自らが持つ全知全能の力、「無限」の「想像力＝創造力《そうぞうりょく》」**を、**完全に発揮することなのです。**

ありとあらゆる全てのもの、「想像＝創造《そうぞう》」し得る限りの全てのものを、物理的大宇宙に生み出すことなのです。

永遠《とわ》の中今

時間は幻想であり、本当は、時間は存在していません。

時間というものは、究極的には存在しておらず、ただ、「永遠《とわ》の中今」とでも呼ぶべき、「今」という名の「永遠《えいえん》の時」があるだけなのです。

時間は流れている訳ではなく、過去も未来も、今、同時に存在しています。


「時」と時間とは、違います。

「時」には、始まりも無ければ終わりもありません。

大宇宙の実相（本質）の世界である絶対世界には、時間というものは存在しておらず、ただ、「永遠《とわ》の中今」とでも呼ぶべき、「今」という名の「永遠《えいえん》の時」があるだけなのです。

時間の「無限性」について——無始の過去、無終の未来

「時」には、始まりも無ければ終わりもありません。

過去には始まりが無く、未来には終わりも無いのです。

「無始の過去、無終の未来」なのです。

過去には始まりが無いので、時間というものを過去へと遡ろうとすれば、「無限」に遡ることが出来ます。

一万年前、一億年前、一兆年前、一京年前・・・・・。

また、未来には終わりがないので、時間というものを未来へと進んで行けば、「無限」に進んで行くことが出来ます。

一万年後、一億年後、一兆年後、一京年後・・・・・。

過去は「無限」であり、未来もまた「無限」なのです。

「無始の過去、無終の未来」なのです。

大宇宙は、時間において「無限」なのです。

大宇宙意識とは、不生不滅の実在

「時」には、始まりも無ければ終わりもありません。

過去には始まりが無く、未来には終わりも無いのです。

「無始の過去、無終の未来」なのです。

大宇宙の実相（本質）の世界である絶対世界には、時間というものは存在しておらず、ただ、「永遠の中今《とわ》」とでも呼ぶべき、「今」という名の「永遠《えいえん》の時」があるだけなのです。

大宇宙の根本主体であり、大宇宙の根本創造主である大宇宙意識とは、誕生するということも無ければ、消滅するということも無く、**「永遠《えいえん》の今」に実在しています。**

大宇宙の根本主体・根本創造主である大宇宙意識とは、不生不滅の実在なのです。

大宇宙の根本主体であり、大宇宙の根本創造主である大宇宙意識と、「時」というものとは、ある意味においては、同じと考えても良いかも知れません。

始まりも無ければ終わりも無いもの、生ずることも無ければ滅することも無いもの、

誕生するということも無ければ消滅するということも無いもの、それこそが、大宇宙の実相（本質）の世界である絶対世界に実在している、唯一のものなのです。

そして、それこそが、唯一にして絶対、至高の存在であり、全知全能の「無限」の「想像力＝創造力《そうぞうりょく》」を持った、**大宇宙意識という「純粋意識」**なのです。

大宇宙には、始まりも無ければ終わりも無い

大宇宙には、始まりも無ければ終わりもありません。

大宇宙は、かつて存在していたし、今も存在しているし、これからも、未来永劫に亘って存在し続けます。

大宇宙そのものが存在しないなどということは、あり得ないことなのです。

大宇宙の実相（本質）の世界である絶対世界には、時間というものは存在しておらず、ただ、「永遠の中今《とわ》」とでも呼ぶべき、「今」という名の「永遠の時《えいえん》」の中に、大宇宙意識という「純粋意識」だけが実在しています。

大宇宙の根本主体・根本創造主である大宇宙意識とは、不生不滅の実在なのです。

そして、絶対世界において大宇宙意識が「想像《そうぞう》」したイメージを映し出して体験する為の「映し世《うつ》」として「創造《そうぞう》」されている「鏡」の世界が、相対世界である物理的大宇宙なのです。

絶対世界と相対世界は、表裏一体、密接不可分の関係として、同時に存在していま

す。

絶対世界には、始まりも無ければ終わりも無いので、絶対世界の「映《うつ》し世」である相対世界（物理的大宇宙）にもまた、始まりも無ければ終わりも無いのです。

大宇宙には、始まりも無ければ終わりもありません。

大宇宙は、かつて存在していたし、今も存在しているし、これからも、未来永劫に亘って存在し続けるのです。

大宇宙そのものが存在しないなどということは、あり得ないことなのです。

空間の「無限性」について——無窮《むきゅう》の空間

唯一にして絶対、至高の存在であり、全知全能の存在である、大宇宙意識の「想像力《そうぞうりょく》」には、限りがありません。

従って、大宇宙意識の「創造力《そうぞうりょく》」にもまた、限りが無いということになります。

大宇宙の根本主体・根本創造主である大宇宙意識に不可能はありません。

この大宇宙は、大宇宙意識が持つ「無限」の「想像力＝創造力《そうぞうりょく》」によって「想像＝創造《そうぞう》」された世界なので、実際には、**極まりの無い「無限」の世界**なのです。

大宇宙は、時間においてのみならず、空間においてもまた「無限」なのです。

「無窮《むきゅう》の空間」こそが、物理的大宇宙の真相なのです。

では、何故、物理的大宇宙は、空間において「無限」なのでしょうか？

大宇宙の中に意識があるのではなく、意識の中に大宇宙がある

何故、物理的大宇宙が、空間において「無限」なのかと言うと、多くの人たちが外の世界に拡がっていると考えている物理的大宇宙とは、実は、**絶対世界において大宇宙意識が「想像《そうぞう》」したイメージが投影された内面の世界**であり、大宇宙意識の拡がりとして「創造《そうぞう》」されている世界だからなのです。

大宇宙意識の内面の世界には限界が無く、「無限」なので、大宇宙意識が外側に投影された外面の世界（物理的大宇宙）にもまた限界が無く、「無限」なのです。

物質というものを「想像＝創造《そうぞう》」している源は、意識というものなのです。

大宇宙の中に意識があるのではなく、意識の中に大宇宙があるのです。

物理的大宇宙（相対世界）の中に、大宇宙意識（絶対世界）があるのではなく、大宇宙意識（絶対世界）の中に物理的大宇宙（相対世界）があるのです。

物理的大宇宙とは、大宇宙意識の中に存在している世界であり、大宇宙意識の拡がりとして「想像＝創造《そうぞう》」されているバーチャルリアリティー（仮想現実）の世界なので、大宇宙は、空間において「無限」なのです。

大宇宙意識を映し出す「鏡」――物理的大宇宙は「映《うつ》し世」

相対世界である物理的大宇宙は、絶対世界を映し出して体験する為の「映《うつ》し世」であり、言わば、大宇宙意識を映し出す「鏡」の世界です。

絶対世界に唯一実在する大宇宙意識が「想像《そうぞう》」したイメージを、映し出して体験し、味わう為に「創造《そうぞう》」されている「鏡」の世界なのです。

意識というものは、それを映し出す「鏡」が必要であり、映し出す「鏡」が無いと、意識がどんな状態なのかを確認することが出来ません。

私たちは、映し出す「鏡」が無いと、自分自身の顔や表情などが分からないのと同じように、意識というものも、それを映し出す「鏡」が無いと、意識が「想像《そうぞう》」したイメージを、確認することが出来ないのです。

「純粋意識」である大宇宙意識が「想像《そうぞう》」したイメージを映し出し、体験して味わい、確認する為に「創造《そうぞう》」されているバーチャルリアリティー（仮想現実）の世界が、「映《うつ》し世」である物理的大宇宙なのです。

意識というものは、それを映し出す「鏡」が必要であり、**意識を映し出す為の「鏡」の世界が、物質世界というバーチャルリアリティー（仮想現実）の世界**なのです。

意識の世界である絶対世界と、物質世界である相対世界（物理的大宇宙）とは、表裏一体、密接不可分の関係として、同時に存在しています。

物理的大宇宙は、仮相（仮の姿）の世界であり、幻の世界

物理的大宇宙は、仮相（仮の姿）の世界であり、言わば、幻の世界です。

大宇宙の実相（本質）の世界である絶対世界において、大宇宙意識が「想像《そうぞう》」したイメージが、大宇宙意識の光により物質化されて「創造《そうぞう》」されたバーチャルリアリティー（仮想現実）の世界が物理的大宇宙（相対世界）なのであり、**大宇宙意識の全知全能の光が、様々な姿・形・紋様となって表現された、言わば、幻の世界なのです。**

大宇宙の実相（本質）の世界である絶対世界には、時間も無ければ空間も無く、色も形も音も無く、大宇宙意識という「純粋意識」のみが実在しています。

色・形・音などは、例えそれがどんなに妙なるものであったとしても、全てが相対世界のものであり、言わば、幻です。

物質そのものが、仮相（仮の姿）であり、言わば、幻なのです。

例えば、水は、温度や気象条件によって、水、氷、水蒸気、雨、霰《あられ》、雪、雹《ひょう》など、様々な姿となって顕れますが、化学式で表せば、Ｈ２Ｏという、同じものです。

水も、氷も、水蒸気も、雪も、本当の姿ではなく、言わば、幻の姿なのです。

また、自分自身の肉体を始め、様々なあらゆる物体は、中身がぎっしりと詰まった、何か確固たる実体があるもののように、一見、感じられますが、原子などのミクロのレベルでは、ほとんど中がスカスカの、空っぽに近い状態であると言えます。

大宇宙意識の光が、周波数によって、様々な色・形・質量となって顕れているだけなので、本当は、何か確固とした実体がある訳ではありません。

物質というものを突き詰めて行ったところで、本当は、何も確かな実体がある訳ではなく、物質そのものが、言わば、幻なのです。

大宇宙意識によって「想像＝創造《そうぞう》」されたバーチャルリアリティー（仮想現実）が、物質というものなので、物質そのものが、言わば、幻なのです。

物理的大宇宙の全ては、光によって創られた世界であり、大宇宙意識の全知全能の光が、様々な姿・形・紋様となって表現された、バーチャルリアリティー（仮想現実）の幻の世界なのです。

物理的大宇宙は、バーチャルリアリティー（仮想現実）の世界

物理的大宇宙は、絶対世界に唯一実在する大宇宙意識が「想像《そうぞう》」したイメージを、映し出して体験する為に「創造《そうぞう》」されている、バーチャルリアリティー（仮想現実）の世界であり、幻の世界です。

大宇宙意識の全知全能の光が織り成す、バーチャルリアリティー（仮想現実）の幻の世界なのです。

この物理的大宇宙の全てが、大宇宙意識の全知全能の光の中にあり、バーチャルリアリティー（仮想現実）の中にあるのです。

敢えて表現するならば、絶対世界に唯一実在する大宇宙意識が「想像《そうぞう》」したイメージが、**三六〇度立体の３Ｄホログラムのようになって顕れている世界**だと言えるかも知れません。

もう少し分かりやすくする為に、テレビを例にとって説明してみたいと思います。

テレビ画面に映し出されている映像というのは、ブラウン管によって、電気という

人工の光が、二次元（平面）に様々な紋様を映し出しているものです。

ですから、テレビ画面に映し出されている映像そのものは、人工の光であり、幻であることは、お分かりいただけるかと思います。


例え、そこに映し出されているものが、スポーツの実況放送であったり、何かの生番組であったり、現実にある何処か自然の風景であったとしても、テレビ画面に映し出されている映像そのものは、電気という人工の光が織り成している幻です。

現実に実体があるのは、スポーツの実況を収録している現場であり、生番組を収録している現場であり、自然の風景を収録している現場の方であって、テレビ画面の映像の方には、実体はありません。

テレビ画面が映し出している映像そのものは、電気という人工の光であり、幻です。


テレビ画面の映像が、二次元（平面）に映し出された人工の光（電気）であるのに対して、**この物理的大宇宙というのは、三六〇度立体の三次元に映し出された、大宇宙意識の全知全能の光の映像**だとイメージすると、分かりやすいかも知れません。

言わば、**絶対世界に唯一実在する大宇宙意識が「想像《そうぞう》」したイメージが、全知全能**

の光により三六〇度立体の３Ｄホログラムのように顕れている世界だと捉えると良いかも知れません。

空間という、三六〇度立体の、バーチャルなスクリーンに映し出された映像なのです。

大宇宙意識の全知全能の光が、三六〇度立体の三次元に、物質という幻で映し出されている、バーチャルリアリティー（仮想現実）の世界なのです。

本当は、何も確かな実体がある訳ではないのですが、物質というものは、何か確固たる実体があるもののように、一見、感じられます。

だからこそ、バーチャルリアリティー（仮想現実）の幻の世界を、現実のリアルなもののように、体験して味わうことが出来るのです。

物理的大宇宙の全ては、絶対世界に唯一実在する大宇宙意識が、自らが持つ全知全能の力、「無限」の「想像力＝創造力《そうぞうりょく》」を体験して味わう為に映し出しているバーチャルリアリティー（仮想現実）の世界であり、全てが大宇宙意識の光の中なのです。

物理的大宇宙の全ては、大宇宙意識の全知全能の光の中なのです。

物理的大宇宙の全ては、大宇宙意識の光の中

相対世界である物理的大宇宙は、絶対世界に唯一実在する大宇宙意識が「想像《そうぞう》」したイメージが、全知全能の光により物質となって映し出された世界です。

全知全能の光が、空間という三六〇度立体のバーチャルなスクリーンに映し出されたバーチャルリアリティー（仮想現実）の世界であり、一切が幻の世界なのです。

何か確固たる実体があるように感じられる物質というものも、突き詰めて行くと、何も確かな実体がある訳ではなく、本当は、大宇宙意識の全知全能の光なのです。

全知全能の光が織り成すバーチャルリアリティー（仮想現実）の世界、それが、物理的大宇宙なのであり、全てが幻の世界なのです。

大宇宙の根本主体であり、大宇宙の根本創造主である、大宇宙意識の全知全能の光が織り成す３Ｄホログラムのような世界なのです。

この物理的大宇宙の全ては、大宇宙意識の全知全能の光によって創られた世界であり、全てが、大宇宙意識の光の中なのです。

物理的大宇宙は、光の世界であり、全てが、光の中なのです。

全ては、「大宇宙意識の戯れ（リーラ）」

サンスクリット語に、「神の戯れ」というような意味の、「リーラ」という言葉があるようです。

実は、大宇宙の森羅万象の全てが、「大宇宙意識の戯れ（リーラ）」と呼べるものなのです。

大宇宙に唯一実在しているのは、根本主体である大宇宙意識のみであり、大宇宙の森羅万象の全ては、絶対世界において大宇宙意識が「想像《そうぞう》」したイメージが、大宇宙意識の光により物質化されて「創造《そうぞう》」されたものなのです。

物理的大宇宙の全ては、大宇宙の根本主体であり、大宇宙の根本創造主である、大宇宙意識の「想像＝創造《そうぞう》」によるものなのです。

絶対世界に唯一実在している大宇宙意識が行っていることとは、ありとあらゆることを「想像《そうぞう》」することであり、自らの「想像《そうぞう》」を光によって物質化させ、ありとあらゆることを、現象界（物理的大宇宙）に「創造《そうぞう》」することなのです。

現象界である物理的大宇宙は、大宇宙意識が「想像《そうぞう》」したイメージを、映し出して体験する為の「映《うつ》し世」であり、言わば、バーチャルリアリティー（仮想現実）の世界なので、**大宇宙の森羅万象の全てが、大宇宙意識の中で繰り広げられる、壮大なゲームであるとも言えます。**

「純粋意識」である大宇宙意識は、現象界である物理的大宇宙を通して、自分自身を体験し、味わっているのだとも言えます。

そして、「想像＝創造《そうぞう》」の喜びを体験して味わっているのです。

全ては、唯一にして絶対、至高の存在である大宇宙意識が、自らが持つ全知全能の力、「無限」の「想像力＝創造力《そうぞうりょく》」を、体験して味わう為の壮大なゲーム・遊びなのであり、全ては、バーチャルリアリティー（仮想現実）の幻なのです。

大宇宙意識が唯一行っているのは、「想像＝創造《そうぞう》」という仕事であり、それによって生み出された大宇宙の森羅万象の全てが、大宇宙意識の壮大なゲーム・遊びであり、全てが、「大宇宙意識の戯れ（リーラ）」と呼べるものなのです。

全ては、大宇宙意識の弥栄

大宇宙の森羅万象の全ては、絶対世界に唯一実在する大宇宙意識が、自分自身を体験して味わう為に、全知全能の光によって織り成している、バーチャルリアリティー（仮想現実）の幻であり、全ては、大宇宙意識の中で繰り広げられている、壮大なゲームであり、全てが**「大宇宙意識の戯れ（リーラ）」**と呼べるものなのです。

ですから、この大宇宙の森羅万象の全ては、根本主体である大宇宙意識の自画自賛であり、全ては、大宇宙意識の弥栄を称えるものなのです。

大宇宙の森羅万象の全てが、大宇宙意識の弥栄、そのものなのです。

唯一にして絶対、至高の存在であり、全知全能の存在である大宇宙意識が、自らが持つ「無限」の「想像力＝創造力《そうぞうりょく》」を体験し、味わう為に繰り広げている、壮大なゲームであり、**全ては「大宇宙意識の戯れ（リーラ）」**でしかないので、言わば、**全てが自画自賛の世界なのです。**

例え、この世界のある断面（場面）を切り取って見た時、そこに如何なる悲劇・不幸・悪・矛盾・不調和のようなものが感じられたとしても、宇宙的な観点に立てば、全てが最善の目的の為に起きており、全てが、より大きな大調和に向かって進化しつつあるプロセスの中にあるものなのです。

大宇宙の森羅万象の全ては、大宇宙の弥栄の為に起きています。

大宇宙の根本創造主である大宇宙意識が持つ全知全能の力、「無限」の「想像力＝創造力《そうぞうりょく》」によって、**「無限」に豊かな世界が実現する為に起きているのです。**

全ては、全知全能の「無限」の「想像力＝創造力《そうぞうりょく》」を体験して味わうという壮大なゲームなのであり、全ては、バーチャルリアリティー（仮想現実）の幻の中にある紋様なのです。

大宇宙の森羅万象の全てが、大宇宙のより大きな大調和、即ち、大宇宙の弥栄に向かって起きていることなのです。

大宇宙の森羅万象の全ては、唯一にして絶対、至高の存在であり、全知全能の存在である大宇宙意識の自画自賛であり、全てが大宇宙意識の弥栄を称えるものなのです。

一切無、一切幻

現象界である物理的大宇宙は、仮相（仮の姿）の世界であり、幻の世界です。

絶対世界に唯一実在する大宇宙意識が「想像《そうぞう》」したイメージが、全知全能の光により物質化されて「創造《そうぞう》」された世界であり、バーチャルリアリティー（仮想現実）の幻の世界なのです。

大宇宙意識の全知全能の光が織り成す３Ｄホログラムのような世界なのです。

物理的大宇宙の全ては、仮相（仮の姿）であり、また、何か確固とした実体がある訳ではないので、一切が無であり、一切が幻の世界なのです。

大宇宙意識の全知全能の光が、周波数によって、様々な色・形・質量となって顕れているだけなので、本当は、何か確固とした実体がある訳ではありません。

何か確固とした実体があるもののように感じられる物質というものも、突き詰めて行くと、本当は、何も確かな実体がある訳ではなく、大宇宙意識の全知全能の光によって創られた幻なのです。

大宇宙の全ては、全知全能の光によって創られた世界であり、光が様々な姿・形・紋様となって表現された、言わば、幻の世界なのです。

相対世界である物理的大宇宙は、絶対世界に唯一実在する大宇宙意識が、自分自身を体験し、味わう為に「創造《そうぞう》」した「鏡」の世界であり、「映《うつ》し世」なのです。

空間という、三六〇度立体のバーチャルなスクリーン上で、大宇宙意識の全知全能の光が、様々な無数の紋様となって織り成されているだけなのです。

全知全能の大宇宙意識の「無限」の「想像力＝創造力《そうぞうりょく》」が、「無限」の表現となって、全知全能の光により織り成されているだけなのです。

そこに存在しているかに見える様々な紋様には、本当は、何も確かな実体がある訳ではなく、一切が無であり、一切が幻なのです。

現象界である物理的大宇宙は、絶対世界に唯一実在する大宇宙意識の中で繰り広げられる、壮大なゲーム・遊びであり、全てが「大宇宙意識の戯れ（リーラ）」であり、全てが光によって織り成されているだけの、「一切無、一切幻」の世界なのです。

大宇宙の全ては完

この大宇宙の全ては、完璧であり、完成された、完全なる世界です。

毎瞬毎瞬、大宇宙のどの断面（場面）を切り取って見たとしても、そこは全てが完全な世界であり、不足・不備、矛盾、不調和、間違いなどは存在していません。

この大宇宙には、間違いなるものは、何一つ存在していない、というのが真相なのです。

何故なら、この大宇宙には、究極的には、唯一にして絶対、至高の存在であり、全知全能の存在である、大宇宙意識しか実在していないので、**大宇宙の森羅万象の全てが、大宇宙意識が全知全能の光で織り成す壮大な織物のようなものだからです。**

この大宇宙に存在する全てのものを生み出し、生かしているところの、全知全能の存在である大宇宙意識に、間違いなどあろう筈がありません。

例えこの世界に、様々な矛盾・不調和・問題・悪・間違いと思えるようなものが感じられたとしても、森羅万象の背後にある大宇宙意識の御心は計り知れないものなので、どんな時でも、大宇宙の全ては完であることを想い出すことが大切になります。

そして、この大宇宙には何一つ間違いは無く、全てが完であることを知る為には、この現象界（物理的大宇宙）は仮相（仮の姿）の世界であり、言わば幻の世界であり、一切が無の世界であることを知る必要があります。

この現象界は幻の世界であり、一切が無の世界なので、真実の世界においては、本当は、何も失われることなく、傷付けられたりするということもありません。

この大宇宙の唯一の実在である大宇宙意識が、自分自身を、本当の意味で、傷付けたりする訳がありません。

全ては、全知全能の光が織り成す、バーチャルリアリティー（仮想現実）の壮大なゲーム・遊びであり、全ては**「大宇宙意識の戯れ（リーラ）」**と呼べるものなのです。

この大宇宙の全ては、根本主体である大宇宙意識の全知全能の光の中にあり、完全なる大調和の中に存在しています。

この大宇宙の全てが完なのです。

大宇宙の森羅万象の全てが、本来無事象

大宇宙の森羅万象の全てが、本来無事象であり、意味が無く、中立です。

大宇宙の森羅万象の全てには、何か特別な意味がある訳ではなく、幸福でも不幸でもなく、幸運でも不運でもなく、善でも悪でもなく、全てが中立なのです。

何故なら、大宇宙の森羅万象の全てが、**「大宇宙意識の戯れ（リーラ）」**と呼べるものなので、大宇宙の唯一の実在である大宇宙意識の目から見れば、全ては、自らの「意識」の中で繰り広げられる壮大なゲームの中の一コマにしか過ぎないからです。

大宇宙の森羅万象の全ては、唯一の実在である大宇宙意識が、自らを体験して味わう為に「想像＝創造《そうぞう》」した、仮相（仮の姿）の世界であり、言わば、バーチャルリアリティー（仮想現実）の幻の世界なので、全てが光の中にあります。

唯一にして絶対、至高の存在であり、全知全能の存在である大宇宙意識の「無限」の光が、ただ、様々な紋様となって顕れているだけなのです。

一つひとつの紋様に、何か特別な意味がある訳ではなく、**全ては、全知全能の大宇**

宙意識の「無限」の「想像力=創造力《そうぞうりょく》」が、無数の様々な紋様となって、光により織り成されているだけなのです。

森羅万象の様々な紋様に対して、幸福・不幸、幸運・不運、善・悪などという意味を付けているのは、あくまでも、私たち人間です。

人間サイドの視点から、自分に都合がいいように、幸・不幸、運・不運、善・悪というような意味付けをしているにしか過ぎません。

大宇宙意識の目から見れば、全ては、自らが持つ、全知全能の「無限」の力が、光により「無限」の表現となって顕れているにしか過ぎません。

大宇宙の森羅万象の全てが、本来無事象であり、意味が無く、中立なのです。

宇宙的な観点の中では、善悪は存在していない

物事は、どのような観点に立って見るのかによって、見え方が変わってきます。私たち人間サイドの視点に立てば、して良いことと悪いことがあり、守るべき法律や、従うべきルールというものがありますので、しても良いことと、してはいけないことがあり、善悪というものは、歴然と存在しています。

ところが、宇宙的な観点に立って見た時には、善悪というものは存在していません。何故なら、宇宙的な観点に立った時、本当に実在しているのは、大宇宙意識のみであり、大宇宙の森羅万象の全ては、大宇宙意識が光で織り成す壮大なゲーム・遊びであり、全ては、**「大宇宙意識の戯れ（リーラ）」**にしか過ぎないからです。

大宇宙の森羅万象の全ては、バーチャルリアリティー（仮想現実）の幻であり、一切が無の世界であり、全ては、全知全能の光が織り成す紋様にしか過ぎないからです。

唯一にして絶対、至高の存在であり、全知全能の存在である、大宇宙意識の目から見れば、**大宇宙の森羅万象の全ては、自らが持つ「無限」の「想像力＝創造力《そうぞうりょく》」を体**

験して味わう為の、バーチャルリアリティー（仮想現実）のゲームなのであり、「一切無、一切幻」の世界であり、全てが全知全能の光の中にある紋様にしか過ぎないので、善悪というものは、存在していないのです。

戦争や殺人、様々な悲劇・不幸・悪・矛盾・間違いと思えるような出来事に対して、「神も仏もあるものか・・・」というような表現が使われることがあります。

確かに、私たち人間サイドの視点から見れば、「神も仏もあるものか・・・」と表現したくなるような、様々な悪・悲劇・不幸・矛盾・間違いと思えるものが、この世界には存在します。

もしも、神や仏が存在しているのなら、何故この世界に、様々な悪・悲劇・不幸・矛盾・間違いと思えるものが存在しているのか、という真の理由は、宇宙的な観点に立たない限りは、理解出来ないと思います。

私たち人間が、**神や仏という概念に対して抱くイメージを遥かに超えた、もっとスーパーな存在**が、大宇宙の根本主体・根本創造主である、大宇宙意識なのです。

大宇宙意識とは、神や仏という概念を遥かに超えたスーパーな存在

この大宇宙の根本主体であり、大宇宙の根本創造主である大宇宙意識とは、神や仏という概念を遥かに超えた、もっとスーパーな存在です。

神や仏という言葉には、私たち人間が抱くイメージが多分に入っており、多少なりとも人間味を帯びた存在となっています。

仏像などの多くは、慈悲深い表情で作られており、中には、不動明王のように憤怒の相の仏像などもあります。

神話などには、神の怒りや、神の嫉妬などが記されており、人間味を帯びた一面が記されています。

また、仏像や宗教画などにおいても、私たち人間と同じような姿・形で、神や仏を表現しています。

しかし、それらのイメージの元になっているのは、あくまでも、エロヒムなのであり、世界の主な宗教の源は、エロヒムなのです。

ですから、宗教的世界観の中では、神や仏というものが、私たち人間と同じような姿・形で表現されており、感情を持った人間味を帯びた存在としてイメージされていることには、それなりの理由・背景があるのですが、宗教における神や仏という概念と、大宇宙の根本創造主である大宇宙意識とは、分けて考える必要があります。

愛や慈悲の心で、私たち個人の願い事を聞き入れてくれる神や仏、あるいは、愛や慈悲の心で、私たち人類を救済してくれる神や仏、そのような概念を遥かに超えた、もっとスーパーな存在が、大宇宙の根本主体である大宇宙意識なのです。

大宇宙の根本主体であり、大宇宙の根本創造主である大宇宙意識とは、そのような、人間味を帯びた存在などでは全くありません。

大宇宙意識とは、唯一にして絶対、至高の存在であり、全知全能の「無限」の「想像力=創造力《そうぞうりょく》」を持った「純粋意識」なので、**大宇宙意識には、姿・形などありませんし、もちろん、名前などありません。**

本書においては、便宜上、大宇宙意識と呼んでいます。

この大宇宙に本当に実在しているのは、根本主体である大宇宙意識だけなのです。

絶対世界において大宇宙意識が「想像《そうぞう》」したイメージが、全知全能の光により物質化されて、物理的大宇宙（相対世界）に「創造《そうぞう》」されているので、**物理的大宇宙の全てが、「大宇宙意識の顕れ」なのです。**

私たち人間を始め、動物も植物も鉱物も、地球や太陽・月・星も、果ては、銀河や大銀河団に至るまで、**物理的大宇宙に存在する全ての被創造物、そして、大宇宙の森羅万象の全てが、「大宇宙意識の顕れ」に他ならないのです。**

全ては、「大宇宙意識の顕れ」にしか過ぎないので、大宇宙意識が、誰かの願い事は聞き入れてくれて、誰かの願い事は聞き入れてくれない、とか、誰かの願い事は叶えてくれて、誰かの願い事は叶えてくれない、などということは、無いのです。

大宇宙の根本主体であり、大宇宙の根本創造主である大宇宙意識とは、私たち個人の願い事を叶えてくれる存在などでは、全くありません。

そもそも、相対世界である物理的大宇宙とは、絶対世界において大宇宙意識が

「想像《そうぞう》」したイメージを、映し出して体験する為の「映《うつ》し世」であり、「鏡」の世界であり、バーチャルリアリティー（仮想現実）の幻の世界なのです。

全てが大宇宙意識の光の中にあり、全知全能の光が織り成すバーチャルリアリティー（仮想現実）の幻であり、**「一切無、一切幻」**の世界なのです。

例え、私たち人間の目から見て、如何なる悲劇・不幸・不運・問題・悪・矛盾・間違いと思えるものが感じられたとしても、大宇宙意識の目から見れば、全ては、自らが光で織り成すバーチャルリアリティー（仮想現実）の幻にしか過ぎないのです。

全ては、全知全能の「無限」の「想像力＝創造力《そうぞうりょく》」を体験して味わうという壮大なゲーム・遊びであり、大宇宙の森羅万象の全てが**「大宇宙意識の戯れ（リーラ）」**と呼べるものなのです。

大宇宙の唯一の実在である大宇宙意識の目から見れば、大宇宙の森羅万象の全てには、何一つ、憂いや心配、同情など入る余地すら無く、**大宇宙意識にとっては、大宇宙の森羅万象の全てに対して、何一つ、憂いや心配、同情などする必要も無いのです。**

大宇宙の実相（本質）の世界である絶対世界には、何一つ、憂いや心配、不安、悲しみ、怖れなどは無く、全てが、歓喜弥栄の世界なのです。

この大宇宙の全てが、根本主体である大宇宙意識の自画自賛の世界であり、全てが、唯一の実在である大宇宙意識の弥栄を称えるものなのです。


大宇宙の根本主体である大宇宙意識とは、私たち個人や人類のことを心配してくれているような存在などでは、全くありません。

私たち人類や地球という星のことは元より、地球が属する太陽系や、私たちの太陽系が属する銀河系宇宙（天の川銀河）、さらには、この大宇宙に少なくとも数千億から数兆は存在すると推定されている無数の銀河のことまで、この大宇宙の全てが、大宇宙意識の全知全能の光の中にあり、全てが大宇宙意識の手の中にあるのです。

大宇宙の全ては、根本主体である大宇宙意識の想い通りであり、全ては大宇宙意識の調べの中、全ては大宇宙意識の完全なる計画の中にあるのです。

それが、唯一にして絶対、至高の存在であり、全知全能の「無限」の「想像力＝創造力《そうぞうりょく》」を持つ、大宇宙意識という、唯一の実在なのです。

この大宇宙に本当に実在しているのは、根本主体である大宇宙意識だけなのです。

大宇宙の根本創造主である大宇宙意識とは、私たち人間が、神や仏という言葉からイメージするような概念を遥かに超えた、もっとスーパーな存在なのです。

全ては大宇宙意識の顕れ

物理的大宇宙（相対世界）の全ては、絶対世界において大宇宙意識が「想像《そうぞう》」したイメージが、全知全能の光により物質化されて「創造《そうぞう》」されたものなので、**「全ては大宇宙意識の顕れ」**なのです。

私たち人間を始め、動物も植物も鉱物も、地球や太陽・月・星も、果ては銀河や大銀河団に至るまで、物理的大宇宙に存在する全ての被創造物、そして、大宇宙の森羅万象の全ては、大宇宙の根本主体であり、大宇宙の根本創造主である、**「大宇宙意識の顕れ」**に他なりません。

この物理的大宇宙には、「大宇宙意識の顕れ」でないものは何一つ無く、「全てが大宇宙意識の顕れ」なのです。

大宇宙の森羅万象を貫く根源的エネルギーは一つ

大宇宙の森羅万象の全てが、一つの力学、あるいは法則により、動いています。

この大宇宙に唯一実在しているのは、大宇宙の根本主体であり、大宇宙の根本創造主である大宇宙意識のみなので、**大宇宙の森羅万象の全ては、大宇宙意識が持つ根源的エネルギーによって、営まれているのです。**

大宇宙意識によって創られた全ての被創造物は、私たち人間は元より、動物も植物も鉱物も、地球や太陽・月・星も、さらには、銀河や大銀河団に至るまで、**如何なる存在であろうとも、それ自らの力で動いている訳ではなく、大宇宙意識が持つ根源的エネルギーによって、動かされているだけなのです。**

大宇宙意識の見えざる糸（意図《いと》）

「意図《いと》」と「糸《いと》」は、どちらも「いと」という同じ言霊を持っています。

大宇宙の森羅万象の全ては、大宇宙意識により営まれていますので、森羅万象の全てには、必ず、**大宇宙意識の見えざる糸（意図《いと》）が働いています。**

大宇宙の森羅万象の全ては、ある一つの力学、あるいは法則の元、大宇宙意識の見えざる糸（意図《いと》）により営まれているのです。

私たち人間は元より、動物も植物も鉱物も、地球や太陽・月・星も、果ては銀河や大銀河団に至るまで、大宇宙意識により創造された全ての被創造物は、それ自らの力で動いている訳ではなく、大宇宙意識が持つ根源的エネルギーにより動かされているだけなので、そこには必ず、**大宇宙意識の見えざる糸（意図《いと》）が働いているのです。**

自分自身のことは元より、小さな蟻一匹の動きから、果ては銀河レベルの動きに至るまで、**大宇宙の森羅万象の全ては、大宇宙の根本主体であり、大宇宙の根本創造主である大宇宙意識の見えざる糸（意図《いと》）により動かされているのです。**

全ては大宇宙の計画の中

大宇宙の森羅万象の全ては、大宇宙の根本主体であり、大宇宙の根本創造主である大宇宙意識によって営まれていますので、全ては大宇宙意識の計画の中にあります。

大宇宙の森羅万象の全ては、一つの力学、あるいは法則により、大宇宙意識が持つ根源的エネルギーによって動いていますので、そこには必ず、大宇宙意識の見えざる糸（意図《いと》）が働いているのです。

全ては大宇宙意識の計画の中にあり、大宇宙の計画という全体像の中で、全ての被創造物が、それぞれの役割の中で部分的な動きをしているのです。

私たち人間を始め、動物も植物も鉱物も、地球や太陽・月・星も、果ては銀河や大銀河団に至るまで、大宇宙に存在する全ての被創造物は、それぞれがテンデンバラバラに動いているように思えたとしても、全ては皆繋がっており、大宇宙の計画という全体図を構成する為に、それぞれが部分的な役割を演じているだけなのです。

全ては大宇宙意識の調べの中にあり、全ては大宇宙の計画の中にあるのです。

全ては必然、一切偶然なし

大宇宙の森羅万象の全ては、大宇宙の計画の中にあり、全てがドミノ倒しのように一つに連なって、起こるべくして起こっています。

ですから、大宇宙の森羅万象の全てには、一切、偶然というものはありません。

全ては、大宇宙意識の見えざる糸（意図《いと》）により動いていますので、何一つ偶然というものはなく、全てが必要・必然なのです。

大宇宙の森羅万象の全ては、大宇宙の根本主体であり、大宇宙の根本創造主である大宇宙意識によって営まれていますので、全ては完璧・完全であり、そこには何一つ無駄というものはなく、**全てが必要・必然**なのです。

この大宇宙には、一切、偶然というものは存在していません。

全ては、必然の中で、起こるべきことが、起こるべくして、ただ起こっているだけなのです。

大宇宙の森羅万象の全てが、大宇宙意識によって営まれている

この大宇宙に本当に実在しているのは、大宇宙意識だけなので、大宇宙の森羅万象の全ては、大宇宙意識によって営まれています。

大宇宙の森羅万象の全ては、大宇宙意識が持つ根源的エネルギーによって動いていますので、森羅万象の全てには、大宇宙意識の見えざる糸（意図《いと》）が働いています。

大宇宙の森羅万象の全てには、何一つ偶然はなく、全てが必要・必然なのです。

全ては大宇宙意識の計画の中にあり、全ては大宇宙の計画の中にあるのです。

全ては大宇宙の計画の中にあり、大宇宙意識によって、既に大宇宙の未来は一〇〇パーセント確定されています。

何故なら、大宇宙意識が実在する絶対世界とは、時空を超越した根源の世界であり、そこでは、「永遠《とわ》の中今」とでも呼ぶべき、「今」という名の「永遠《えいえん》の時」の中に、大宇宙の過去・現在・未来の全てが存在しているからです。

大宇宙の全てが、元々存在しているからなのです。

大宇宙の全てが、元々存在している

大宇宙の実相（本質）の世界である絶対世界には、大宇宙の全て、大宇宙の過去・現在・未来の全てが、元々存在しています。

何故なら、**大宇宙意識とは、不生不滅の実在**であり、誕生するということも無ければ、消滅するということもなく、「永遠の今《えいえん》」に実在しているからです。

大宇宙には、始まりも無ければ終わりも無く、大宇宙とは、「永遠の今《えいえん》」に実在しているものなのです。

絶対世界には、時間も無ければ空間も無く、「永遠の中今《とわ》」とでも呼ぶべき、「今」という名の「永遠の時《えいえん》」の中に、大宇宙意識という「純粋意識」のみが実在しており、大宇宙意識という「純粋意識」の中に、大宇宙の過去・現在・未来の全て、大宇宙の全てが、元々存在しているのです。

大宇宙の全て、ありとあらゆる全てのものが、元々存在しているのです。

「想像＝創造《そうぞう》」し得る限りの全てのものが、元々存在している

絶対世界には、大宇宙の全てのものが元々存在しています。

ありとあらゆる全てのものが、元々存在しているのです。

そして、ありとあらゆる全てのものとは、「想像＝創造《そうぞう》」し得る限りの全てのものなのです。


大宇宙の実相（本質）の世界である絶対世界においては、ありとあらゆる全てのものの、「想像＝創造《そうぞう》」し得る限りの全てのものが元々存在していますので、大宇宙とは、元々が完成された、完全な世界なのです。

この大宇宙とは、唯一の実在である大宇宙意識によって「想像＝創造《そうぞう》」された完全な世界であり、元々が完成された世界なのです。

ありとあらゆる全てのもの、「想像＝創造《そうぞう》」し得る限りの全てのものが元々存在しており、元々が完成された世界なのです。

大宇宙は、元々が完成された、完全な世界

大宇宙の実相（本質）の世界である絶対世界においては、ありとあらゆる全てのもの、「想像＝創造《そうぞう》」し得る限りの全てのものが元々存在していますので、**絶対世界においては、大宇宙は元々完成しており、元々が完成された世界なのです。**

大宇宙の全て、大宇宙の過去・現在・未来の全てが、元々存在しているのです。

そして、相対世界である物理的大宇宙は、絶対世界の「映《うつ》し世」であり、「鏡」の世界なので、**物理的大宇宙においてもまた、ありとあらゆる全てのもの、「想像＝創造《そうぞう》」し得る限りの全てのものが元々存在しており、元々完成しているのです。**

絶対世界と相対世界は、表裏一体、密接不可分の関係として同時に存在しています。

大宇宙に今存在しているもの、かつて存在していたもの、そして、これから存在するものの全ては、元々存在しているものであり、今も同時に存在しているのです。

大宇宙は元々完成しており、元々が完全な世界なのです。

ですから、究極的には、大宇宙は、進化・発展しているという訳ではありません。

進化・発展とは、時間の流れ・経過という、時系列の中で捉えた認識になります。多くの人たちが考えている、過去↓現在↓未来へと直線的に流れている時間というものは、実際には、存在していません。

時間は流れている訳ではなく、過去も未来も、今、同時に存在しているのです。

絶対世界においては、ありとあらゆる全てのもの、「想像=創造《そうぞう》」し得る限りの全てのものが元々存在しており、大宇宙は元々完成しています。

ですから、絶対世界の「映《うつ》し世」である相対世界（物理的大宇宙）においてもまた、ありとあらゆる全てのもの、「想像=創造《そうぞう》」し得る限りの全てのものが元々存在しており、大宇宙は元々完成しているのです。

絶対世界と相対世界は、表裏一体、密接不可分の関係として、同時に存在しているからです。

大宇宙の過去・現在・未来の全て、大宇宙の全ての時空が、相対世界である物理的大宇宙にも、今、同時に存在しているのです。

大宇宙の全ての時空が、今、同時に存在している

大宇宙の実相（本質）の世界である絶対世界は、時間も無ければ空間も無く、時空を超越した根源の世界であり、そこには、大宇宙の全てが、元々存在しています。

そして、絶対世界の「映《うつ》し世」であり、表裏一体の関係にある相対世界（物理的大宇宙）においてもまた、大宇宙の全てが、元々存在しているのです。

絶対世界には、時間も無ければ空間も無く、時空を超越した根源の世界において、大宇宙の全てが元々存在しており、大宇宙は元々完成しているのです。

そして、相対世界である物理的大宇宙は、「時間と空間」という座標軸から成り立っている世界なので、物理的大宇宙においては、**「時間と空間」という座標軸の中で、大宇宙の全てが、元々存在しており、大宇宙は元々完成している**のです。

つまり、大宇宙の過去・現在・未来の全て、大宇宙の全ての時空が、元々存在しており、それは、今、同時に存在しているということなのです。

二一世紀の地球という、今ここにある時空は、今初めて大宇宙に存在しているとい

う訳ではありません。
二一世紀の地球という、今ここにある時空が、今初めて大宇宙に存在していると考えるのは、時間というものが、過去↓現在↓未来へと流れているという思い込みによるものだと言えます。

二一世紀の地球という、今ここにある時空は、元々存在している時空なのであり、かつて存在していた時空でもあるのです。

私たちは今、二一世紀の地球という、大宇宙に元々保存されているデータの一部を呼び戻しているのであり、今、「追想の中」を生きているのです。

ここは、「緑美しき懐かしき地球」（追想の中）なのです。
敢えて言うならば、再生されたＤＶＤの映画を再び見ているようなものであり、３Ｄホログラムの映像を再び見ているようなものだと言えるかも知れません。

この大宇宙そのものが、完璧なスーパーコンピューターとも言えるので、大宇宙の全ての時空が、元々存在しており、何一つ失われることなく保存されているのです。

大宇宙そのものが、完璧なスーパーコンピューター

時空を超えた大宇宙の全てのデータが保存されており、永遠に消えることはありませんので、この大宇宙そのものが、完全無欠な、完璧なスーパーコンピューターだと言えるかも知れません。

ありとあらゆる全てのもの、「想像＝創造《そうぞう》」し得る限りの全てのもの、大宇宙の全てが、元々存在しており、保存されているのです。

大宇宙の過去・現在・未来の全て、大宇宙の全ての時空が元々存在しており、保存されていますので、それは、今、同時に存在しているということなのです。

私たちが生きている、二一世紀の地球というこの時空は、大宇宙という完璧なスーパーコンピューターに元々保存されているデータの一部なのです。

私たちは、二一世紀の地球という、大宇宙に元々保存されているデータの中を「追体験」しているのであり、今、「追想の中」を生きているのです。

ここは、「追想の中」にある、「緑美しき懐かしき地球」なのです。

ここは、緑美しき懐かしき地球（追想の中）

私たちが生きている、二一世紀の地球というこの時空は、今初めて大宇宙に存在している訳ではなく、元々大宇宙に存在している時空なのであり、かつて存在していた時空でもあるのです。

私たちは今、二一世紀の地球という、大宇宙という完璧なスーパーコンピューターに元々保存されているデータの中を「追体験」しているのであり、今、「追想の中」を生きているのです。

ここは、**「緑美しき懐かしき地球」（追想の中）**なのです。

私たちが生きている、二一世紀の地球という、この時空が、**「追想の中」**だということを、感じられるでしょうか？

そのことをイメージしやすいように、インターネットの世界と、それを映し出すパソコンなどの端末画面との関係を使って、敢えて、説明を試みてみたいと思います。

あくまでも、分かりやすくイメージしていただく為なので、説明に、多少の無理があることは、予めご了承下さい。

インターネットの世界というものを、仮に、大宇宙の実相（本質）の世界である絶対世界と仮定し、そこには、大宇宙の全ての情報・データがあると仮定します。

大宇宙の過去・現在・未来の全て、大宇宙の全ての時空のデータが、絶対世界であるインターネットの世界にあると仮定します。

そして、パソコンなどの端末を、相対世界（物理的大宇宙）と仮定します。

パソコンの端末画面から、検索キーワードを入力すると、インターネットの世界（絶対世界）から、大宇宙の全ての情報・データを取り出すことが出来ると仮定します。

パソコンの端末画面から、二一世紀の地球という、「時間軸と空間軸」を入力すると、二一世紀の地球という時空が、動画となって映し出されると仮定します。

私たちが見ている、二一世紀の地球という、この時空は、敢えて言うならば、パソコンの画面上に動画として映し出されている、大宇宙のデータの一部なのです。

大宇宙の過去・現在・未来の全て、大宇宙の全ての時空、大宇宙の全ての情報・データが、絶対世界（インターネットの世界と仮定）には、元々存在しているのです。そして、ある一つのパソコン画面においては、今、二一世紀の地球というデータが、動画となって再生されている訳ですが、**二一世紀の地球というデータそのものは、元々絶対世界（インターネットの世界と仮定）にあるデータなのであり、データの呼び戻しをしているにしか過ぎないのです。**

私たちは、今、二一世紀の地球という、再生された動画を見ているようなものであり、**再生された動画の中にいるようなもの**なのです。

動画というのは、平面（二次元）に映し出される映像ですが、私たちが生きている、物理的大宇宙というのは、空間という、三六〇度立体の、三次元のスクリーンに映し出される、バーチャルな映像のようなものなのです。

大宇宙意識が「想像《そうぞう》」したイメージが、全知全能の光により、３Ｄホログラムのようになって投影された、バーチャルリアリティー（仮想現実）の幻なのです。

絶対世界には、時間も無ければ空間も無く、ただ、「永遠《とわ》の中今」とでも呼ぶべき、「今」という名の「永遠《えいえん》の時」の中に、大宇宙意識という「純粋意識」だけが実在しています。

大宇宙の根本主体であり、大宇宙の根本創造主である、大宇宙意識という「純粋意識」の中に、大宇宙の全てが、元々存在しているのです。

大宇宙の過去・現在・未来の全て、大宇宙の全ての時空、大宇宙の全てが、絶対世界においては、元々存在しているのです。

そして、絶対世界の「映《うつ》し世」であり、「鏡」の世界である相対世界（物理的大宇宙）においてもまた、大宇宙の過去・現在・未来の全て、大宇宙の全ての時空、大宇宙の全てが、元々存在しており、それは、今、同時に存在しているのです。

大宇宙の実相（本質）の世界である絶対世界は一つであり、そこには、時間も空間も存在していません。

時間も空間も存在しない絶対世界に、大宇宙の全てが、元々存在しているのです。

一方、絶対世界の「映《うつ》し世」であり、「鏡」の世界である相対世界（物理的大宇宙）

は、「時間と空間」という座標軸から成り立っている世界です。

相対世界である物理的大宇宙においては、「時間と空間」という座標軸の中に、大宇宙の全てが元々存在しており、それは、今、同時に存在しているのです。

大宇宙の実相（本質）の世界である絶対世界は一つですが、絶対世界の「映《うつ》し世」であり、「鏡」の世界である相対世界（物理的大宇宙）には、**無数の時空、無数の「時間軸と空間軸」が存在しており、それは、今、同時に存在しているのです。**

現実レベルにおいても、インターネットという大元の世界は一つですが、インターネットの世界が映し出されている無数の端末画面（パソコンなど）が、今、全世界・地球上に同時に存在しており、個々の端末画面においては、ありとあらゆる情報・データが映し出されている訳ですが、丁度、絶対世界と相対世界（物理的大宇宙）との関係も、そのようなものだとイメージすると、分かりやすくなるかも知れません。

私たちが生きている、二一世紀の地球という、この時空は、大宇宙に無数に存在している、端末画面の中の一つにしか過ぎないとイメージすると良いかも知れません。

私たちが今生きている、二一世紀の地球という、この座標軸は、今初めて大宇宙に存在しているという訳ではありません。

二一世紀の地球という、この時空は、元々大宇宙に存在している時空なのであり、かつて存在していた時空でもあるのです。

私たちは今、二一世紀の地球という、大宇宙という完璧なスーパーコンピューターに元々保存されているデータの中を「追体験」しているのであり、今、「追想の中」を生きているのです。

地球が新たに生まれ変わる二一世紀の地球という、この座標軸は、私たちがかつて体験した懐かしき時空なのであり、**ここは「追想の中」にある、「緑美しき懐かしき地球」なのです。**

大宇宙意識の全知全能の光が織り成す3Dホログラムの中

この大宇宙に本当に実在しているのは、大宇宙の根本主体であり、大宇宙の根本創造主である、大宇宙意識だけです。

大宇宙意識とは、唯一にして絶対、至高の存在であり、全知全能の「無限」の「想像力＝創造力《そうぞうりょく》」を持った「純粋意識」なのです。

大宇宙の実相（本質）の世界である絶対世界には、時間も無ければ空間も無く、時空を超越した根源の世界なので、そこにはただ、「永遠《とわ》の中今」とでも呼ぶべき、「今」という名の「永遠《えいえん》の時」の中に、大宇宙意識という「純粋意識」だけが実在しています。

大宇宙意識という「純粋意識」の中に、大宇宙の全てが元々存在しており、大宇宙は、元々が完成された、完全な世界なのです。

そして、絶対世界において大宇宙意識が「想像《そうぞう》」したイメージを、映し出して体験する為の「映《うつ》し世」として「創造《そうぞう》」されているバーチャルリアリティー（仮想現実）

の世界が、物理的大宇宙（相対世界）になります。
物理的大宇宙の全ては、大宇宙意識が「想像＝創造《そうぞう》」したものであり、大宇宙意識の全知全能の光が織り成す３Ｄホログラムのような幻の世界なのです。

絶対世界には、時間も空間も存在していないので、絶対世界の「映《うつ》し世」である相対世界（物理的大宇宙）においては、**時間においても、空間においても、大宇宙は「無限」なのです。**

時空を超越した根源の世界である絶対世界の「映《うつ》し世」として存在している相対世界（物理的大宇宙）は、「時間と空間」という座標軸から成り立っており、時間においても、空間においても、大宇宙は「無限」なのです。

私たちは今、大宇宙意識の全知全能の光が織り成す３Ｄホログラムの中にいて、時間においても空間においても「無限」の３Ｄホログラムの世界を見ているようなものだと言えるかも知れません。

「意識」の一番奥深くに内在している大宇宙意識

大宇宙の実相（本質）の世界である絶対世界とは、時間も無ければ空間も無く、時空を超越した根源の世界であり、そこは非物質な世界なので、**この物理的大宇宙（相対世界）の何処かに絶対世界がある訳ではありません。**

大宇宙の根本主体であり、大宇宙の根本創造主である大宇宙意識とは、この物理的大宇宙の何処かに存在している訳ではなく、**大宇宙意識という「純粋意識」の中に、物理的大宇宙（相対世界）が存在しているのです。**

物質を「想像＝創造《そうぞう》」している源は、「意識」というものなので、大宇宙意識によって「想像＝創造《そうぞう》」されたバーチャルリアリティー（仮想現実）の世界が、物理的大宇宙（相対世界）なのです。

大宇宙の根本主体であり、大宇宙の根本創造主である、大宇宙意識という「純粋意識」は、この物理的大宇宙の何処かに存在している訳ではなく、私たち一人ひとりの「意識」の一番奥深くに内在しているものなのです。

大宇宙意識（無限）と異星人エロヒム

人類は、異星人エロヒムを大宇宙意識（無限）と間違えた

私たちが、神という言葉を使う時、二つの概念が混同して使われてきたことを、ご理解いただけたでしょうか。

即ち、「大宇宙意識（無限）」と「異星人エロヒム」です。

私たち人類は、神についての二つの概念を混同してきたのです。

無数の銀河を始め、太陽・月・星、母なる星・地球、植物・動物、そして私たち人間まで含めて、全て**「自然」**と表現されていますが、実際には、**地球の大陸（大地）と、植物・動物・人間は、「異星人エロヒム」が、科学的に創造したもの**なのです。

私たち人類は、長い間、地球の全生命の創造者にしか過ぎない、「異星人エロヒム」を、大宇宙の根本主体であり、大宇宙の根本創造主である、「大宇宙意識（無限）」と間違えるという、誤りを犯してきたのです。

「異星人エロヒム」は、あくまでも、地球の全生命の創造主にしか過ぎず、エロヒムが信仰している対象が、「大宇宙意識（無限）」なのです。

創造者エロヒムが信仰しているのが、大宇宙意識（無限）

世界の主な宗教の源は一つであり、そのルーツは、エロヒムなのです。

世界の主な宗教で語られている「神」というのは、地球の全生命の創造主である、「異星人エロヒム」のことなのです。

そして、私たち人類にとっての「神」である、創造主エロヒムが信仰しているのが、「大宇宙意識（無限）」になります。


エロヒムは、今の地球の科学よりも二五〇〇〇年も進んだ高度な科学を持っており、楽園のような世界を実現していますので、私たち人類が持っているような、現世利益を求めたり、助けや救いを求めたりするような信仰は一切持っていません。

エロヒムが持っている唯一の宗教が、「無限」の宗教なのです。

時間においても空間においても「無限」の大宇宙そのものへの、畏敬の念、崇敬の念、感謝の念であり、「無限」の大宇宙そのものへの信仰心なのです。

人類の創造主であるエロヒムが信仰しているのが、「大宇宙意識（無限）」なのです。

エロヒムも私たちも、「宇宙の塵」に過ぎない

エロヒムは、今の地球の科学よりも二五〇〇〇年も進んだ科学を持っており、この大宇宙が、時間においても空間においても「無限」であることを発見しました。

エロヒムは、時間の「無限性」と空間の「無限性」を表すデザインを、彼らの紋章として使っており、六芒星（ダビデの星）の中に「まんじ」が描かれたデザインを、彼らの紋章としています。

真ん中にある「まんじ」は、時間の「無限性」を表しているとのことです。

大宇宙は、時間において「無限」なので、宇宙の始源を探求することは不可能であり、馬鹿げたことであるとエロヒムは言っています。

そして、六芒星（ダビデの星）は、空間の「無限性」を表しているとのことです。

六芒星は、ダビデの星とも呼ばれ、ユダヤのシンボルともなっていますが、上向きの正三角形と下向きの正三角形が組み合わされた形になっています。

重ね合わせた二つの正三角形は、**「上にあるものは下にあるものと同じ」**であり、**上にあるものは「無限大」に大きく、下にあるものは「無限小」に小さい**ということを

表しているそうです。

つまり、宇宙はフラクタル構造（自己相似形）になっているということなのです。

私たちが認識している宇宙の外側には、もう一回り大きな宇宙が存在するとともに、また逆に、私たちが素粒子と認識しているものの中にも、もう一回り小さな宇宙が存在するということなのであり、そして、このフラクタル構造（自己相似形）が、「無限大」にも「無限小」にも、延々と続くということなのです。

つまり、私たちが認識している宇宙の外側には、もう一回り大きな宇宙があり、その外側には、さらに大きな宇宙があり、その外側にも、さらに大きな宇宙がある・・・という具合に、**「無限大」に大きな宇宙が存在する**ということになります。

そして一方、私たちが素粒子と認識しているものの中にも、もう一回り小さな宇宙があり、その中には、さらに小さな宇宙が存在する・・・という具合に、**「無限小」に小さな宇宙が存在する**ということにもなります。

このような考え方は、今現在の地球の科学では、正しいと肯定することも出来なければ、間違っていると否定することも出来ませんが、私たちより二五〇〇〇年も進んだ高度な科学を持つエロヒムは、**「上にあるものは下にあるものと同じ」**であり、**上にあるものはどこまでも「無限大」に大きく、下にあるものはどこまでも「無限小」に小さい**ということを発見したということなのです。

エロヒムは、知性を備え、有機的な体を持ち、しかも非常に小さな世界に住む生物を発見するとともに、さらにはまた、エロヒムは、恒星や惑星が全て、ある一つの生物を構成する微粒子であることも発見しました。

あらゆるものは、他のあらゆるものに含まれているということなのです。

エロヒムは、時間においても空間においても「無限」の大宇宙の中では、**高度な科学を持つエロヒムですら、「宇宙の塵」に等しい存在**であることを理解し、彼ら自身のことを、**「宇宙の塵」**にしか過ぎないと言っています。

そして、時間においても空間においても「無限」の大宇宙への信仰心を持ち、「無限」の宗教を信仰しているのです。

「無限」の大宇宙の中では、エロヒムも私たちも、「宇宙の塵」に等しいのです。

大宇宙意識（無限）は、私たち人類に対して「永遠に無関心」

時間においても空間においても「無限」の大宇宙、即ち、「大宇宙意識（無限）」とは、私たちが、**神や仏という言葉からイメージするような概念を遥かに超えた、もっとスーパーな存在**です。

「大宇宙意識（無限）」は、大宇宙の森羅万象に対して「永遠に無関心」であり、もちろん、私たち人類に対しても、「永遠に無関心」なのです。

「大宇宙意識（無限）」とは、私たち人間の願いや祈りに同情して、願い事を叶えてくれたり、あるいは、私たちの行いに対して怒り、天罰を下したりするような存在などでは、全くありません。

私たちの肉体の中には、例えば、腸の中だけでも、何十兆もの腸内細菌が存在していますが、善玉菌や悪玉菌と呼ばれる、それらの何十兆もの腸内細菌の一つひとつの生死に関して、私たちは**「終生無関心」**な筈です。

それと同じように、私たちが宇宙と認識しているものは、さらに一回り大きな宇宙の一部であり、**私たちの太陽ですら一つの微粒子に過ぎない巨大な生命にとっては、私たち人類が黄金時代を迎えようが滅びようが、「永遠に無関心」なのです。**

そして、そのような巨大な生命体が存在する宇宙の外にも、さらに一回り大きな宇宙が存在し、その外にもさらに一回り大きな宇宙が存在しており、**これが「無限大」に続いていく**ことになります。

そして、私たちの体の中にある数十兆もの細胞一つひとつの中にも、小さな宇宙があり、その中にはさらに小さな宇宙が存在しており、その中にもさらに小さな宇宙が存在しており、**これが「無限小」に続いていく**ことになります。

時間においても空間においても「無限」の大宇宙においては、今この瞬間にも、様々な無数の世界が誕生しては消えているのです。

そしてそれらの全てを司っているのが、「大宇宙意識（無限）」なのであり、**「大宇宙意識（無限）」は、私たち人類に関してはもちろんのこと、大宇宙の森羅万象の全てに対して、「永遠に無関心」なのです。**

多くの人たちが考えているような「神」は存在しない

私たち人類は長い間、神についての二つの概念を混同してきましたので、多くの人たちが考えているような「神」は、実際には、存在していません。

多くの人たちは、「神」というものを、無形で不可視的で超自然の全知全能の存在であり、愛や慈悲の心で私たち人間の願いや祈りを聞き入れてくれるとともに、また一方では、私たちの悪い行いを裁き、天罰を下すような存在だと考えています。

しかし、実際には、そのような「神」は、この大宇宙には存在していません。

世界の主な宗教の源は一つであり、**世界の主な宗教で語られている「神」というのは、あくまでも、地球の全生命の創造主である、異星人エロヒムのこと**なのです。

エロヒムは、地球に対しては「全能」であり、神界と呼ばれるような世界は、実際には、エロヒムの世界のことなのです。

イエス・キリストが言う「天の王国」や、仏陀が言う「極楽浄土」とは、エロヒムの不死の惑星の、楽園のような世界のことなのです。

エロヒムは、高度な遺伝子工学により、不死の生命、永遠の生命も獲得しています。

しかし、エロヒムとて、この「無限」の大宇宙の一部であり、「宇宙の塵」に等しい存在にしか過ぎないので、不死の生命、永遠の生命を得る程の科学技術を持っていたとしても、永遠に生存出来るとは限りません。

地球の全生命の創造主であるエロヒムもまた、他の惑星からやって来た異星人たちによって科学的に創造されたのですが、**エロヒムを創造した異星人たちは既に消滅してしまったようです。**

エロヒムが、彼ら自身もまた他の惑星からやって来た異星人たちの手で科学的に創造されたことを知ったのは、「ノアの箱舟」と大洪水の時に、地球に核ミサイルを発射して、地球の生命を抹殺した時のことです。

核ミサイルを発射して地球の生命を抹殺した後、エロヒムの惑星に、エロヒムを創造した世界から自動宇宙船がやって来ました。

そして、自動宇宙船に残されていたメッセージにより、エロヒムもまた、他の惑星からやって来た異星人たちによって、科学的に創造されたことを知ったのです。

そして、もし人類が野蛮で攻撃的であれば、将来、惑星間文明に到達することを可能にするエネルギーを発見した時に自己破滅するであろうことも理解しました。

つまり、エロヒムの親にあたる創造者たちは、子供であるエロヒムもまた、他の惑星で生命創造の実験を行うことを予め予測していただけではなく、**自分たちの創造物を抹殺することやその時期までも予め予測しており、それが起こった時に、自動宇宙船がエロヒムの惑星に届くように配置していた**ということになります。

自動宇宙船に残されていたメッセージにより、エロヒムの惑星の不死会議の議長であるヤーウェは、地球の創造物を抹殺したことを後悔し、二度と再び、地球の創造物を抹殺することはしないと決意するとともに、ルシファーたちが「ノアの箱舟」に保護していた地球の生命を、再び地上に戻すことに積極的に協力したのです。

このことは、サタンの反対を振り切って行われました。

そして、人類の歩みは、人類自らの手に委ねることにしたのです。

エロヒムの親にあたる創造者たちは、エロヒムを科学的に創造した訳ですから、高度な科学技術を持っていただけではなく、**子供であるエロヒムが、他の惑星で生命を創造してから抹殺してしまうこと、そして、その時期までも予め予測出来る程の高度な科学を持っていた**ことになります。

エロヒムが地球の創造物を抹殺した時に自動宇宙船が届くように配置していたのは、ある種の親心だったのかも知れません。

そのような高度な科学を持っていた、エロヒムの親にあたる創造者たちですら、既に消滅してしまっているようで、エロヒムによれば、おそらく、太陽の急激な寒冷化で絶滅したのではないかということです。

高度な科学技術により、不死の生命、永遠の生命を獲得したエロヒムと言えども、彼らの惑星を照らす太陽の恩恵によって生きていますので、**もし、彼らの惑星を照らす太陽が急激に寒冷化し、彼らが他の惑星に脱出する時期が遅れてしまえば、エロヒムとて絶滅してしまう可能性があります。**

もしそうなった時の為に、エロヒムは、彼らの親にあたる創造者たちがしたのと同じように、自動宇宙船を配置してくれているということです。

もし万一、エロヒムの惑星を照らす太陽の急激な寒冷化等によって、エロヒムの世界が消滅した時には、**彼らの科学技術の遺産が、自動宇宙船によって、子供である私たち地球人に届けられるように配置してくれているの**です。

エロヒムは、地球に対しては「全能」であり、彼らの惑星の何台もの巨大なスーパーコンピューターが、全ての地球人を観察し記録しています。

そして、不死の資格に値するような行いをした地球人は、エロヒムの不死の惑星で再生されて、不死の生命、永遠の生命が与えられますが、その一方、特に悪い方向に進んだ人たちは、死後も細胞を保存されて時が来ると再生され、裁きを受け、相応の刑に服することになります。

地球の全生命の創造主であるエロヒムは、地球に対しては「全能」ですが、時間においても空間においても「無限」の大宇宙においては、「宇宙の塵」に等しいのです。

エロヒムの惑星を照らす太陽が急激に寒冷化し、エロヒムが他の惑星に脱出することが遅れてしまえば、**エロヒムでさえ絶滅してしまう可能性**があります。

多くの人たちが「神」についてイメージする、無形で不可視的で超自然の全知全能の存在というのは、「大宇宙意識（無限）」のことであり、**「大宇宙意識（無限）」は、大宇宙の森羅万象に対しては「永遠に無関心」**なので、「大宇宙意識（無限）」は、私たち人間の願いや祈りを、愛や慈悲の心で聞き入れてくれることも無ければ、人間の悪い行いに怒り、天罰を与えるということもありません。

多くの人たちが考えるような「神」というものは、存在していません。

無形で不可視的で超自然の全知全能の存在であり、愛や慈悲の心で私たちの願いや祈りを聞き入れてくれたり、人間の悪い行いに怒って天罰を下したりするような「神」は、この大宇宙には存在していないのです。

創造者であるエロヒムも、あくまでも人間

この大宇宙に本当に実在しているのは、大宇宙の根本主体であり、大宇宙の根本創造主である、「大宇宙意識（無限）」だけです。

大宇宙意識とは、唯一にして絶対、至高の存在であり、全知全能の「無限」の「想像力＝創造力《そうぞうりょく》」を持った「純粋意識」なのです。

物理的大宇宙の全ては、大宇宙意識が「想像＝創造《そうぞう》」したものなのです。

相対世界である物理的大宇宙とは、絶対世界において大宇宙意識が「想像《そうぞう》」したイメージを、映し出して体験する為の「映《うつ》し世」として「創造《そうぞう》」されているバーチャルリアリティー（仮想現実）の世界です。

森羅万象の全ては、「大宇宙意識の戯れ（リーラ）」でしかないので、「大宇宙意識（無限）」は、私たち人間は元より、森羅万象の全てに対して、「永遠に無関心」なのです。

一方、地球の全生命の創造主であるエロヒムは、あくまでも私たちと同じ人間です。

エロヒムは、私たち地球人の親なので、子供である地球人を愛していますし、深く関心を持って見守っていますが、エロヒムは高度な科学を持っているとは言え、あくまでも人間なので、彼らにも感情がありますし、試行錯誤や間違いもあります。

ヤーウェを中心とするエロヒムの惑星政府は、かつて、地上に人間の悪が蔓延《はびこ》るのを見て、人間を創造したことを後悔し、地球での生命創造実験に反対してきたサタンたち反対派の要望を聞き入れて、地球の創造物を、抹殺したことがあります。

この時、エロヒムを創造した創造者たちが残しておいた自動宇宙船がやって来て、エロヒムもまた、他の惑星からやって来た異星人たちによって、科学的に創造されたことを初めて知ったのです。

ヤーウェは、地球の創造物を抹殺してしまったことを後悔し、二度と再び、地球の創造物を抹殺することはしないと決意するとともに、ルシファーたちが「ノアの箱舟」に保存していた地球の生命を、再び地上に戻すことに、積極的に協力したのです。

このことは、サタンの反対を振り切って行われました。

創造者であるエロヒムも、あくまでも人間なので、エロヒムの惑星政府においても、地球での生命創造実験に賛成する人々もいれば、サタンのように反対する野党派の人々もいます。

サタンたちが反対している理由の一つが、**もし、人類が攻撃的で野蛮であれば、将来、科学が高度に発達した時に、自分たちの惑星にも危険が及ぶかも知れない**と考えているからなのです。

私たち人間は、エロヒムに似せた知的生命体として創造されましたので、創造者であるエロヒムとほぼ同等の能力を秘めています。

もし、人類が野蛮で攻撃的であれば、将来、科学が高度に発達した時に、エロヒムの惑星にやって来て、危害を加えるかも知れないと恐れているのです。

地球の全生命の創造主であるエロヒムは、非常に高度な科学を持っていますが、あくまでも、エロヒムも人間なのです。

親であるエロヒムは、子供である地球人を深く愛し、関心を持って見守ってくれているとともに、彼らが創造した子供たち（地球人）が、将来、自分たちに危害を加えることを恐れてもいるということを、理解する必要があります。

『創世記』が語っているのは、地球にとっての天地創造

旧約聖書の『創世記』は、天地創造で始まりますが、そこで語られている天地創造とは、あくまでも、**地球にとっての天地創造であり、地球から見た天地開闢なので、「無限」の大宇宙そのものの天地創造が語られている訳ではありません。**

また、日本の古事記や、世界中の様々な宗教や神話にも、宇宙開闢物語が登場しますが、それらの全ては、あくまでも、**地球にとっての天地創造であり、地球から見た天地開闢、地球から見た宇宙開闢物語なので、「無限」の大宇宙そのものの誕生が語られている訳ではありませんので、勘違いしないように注意する必要があります。**

創造者であるエロヒムが地球にやって来たのは、今から約二五〇〇〇年前であり、その当時の地球は、水と濃密な霧にすっぽりと包まれていたようです。

エロヒムは、太陽からの光線や地球の大気の組成などを科学的に調べて、生命の創造に適していることを確認してから、地球での生命創造の実験を開始したのです。

『創世記』に書かれている天地創造とは、あくまでも、エロヒムという「天空から飛

来した人々」である、他の惑星からやって来た科学者たちの手によって、地球の全生命が科学的に創造された記録なのです。

『創世記』の二日目は、次のように書かれています。

「神は言われた。

『水の中に大空あれ。水と水を分けよ。』

神は大空を造り、大空の下と大空の上に水を分けさせられた。そのようになった。

神は大空を天と呼ばれた。」（『創世記』第1章・第6～8節）

水と濃密な霧にすっぽりと包まれていた地球から、濃密な霧を科学的に除去して、「大空の下の水」（海）と、「大空の上の水」（雲）とに分け、地球から大空を見えるようにしたことが語られています。

『創世記』における「天」とは、あくまでも、地球から見えるようになった大空のことなので、「無限」の大宇宙そのもののことを語っている訳では決してありません。

日本の古事記も、最初は「天地《あめつち》の初め」として、天地開闢から物語が始まります。

「天地初めて発《ひら》けし時、高天原に成りし神の名は、天之御中主神《あめのみなかぬしのかみ》、次に高御産巣日神《たかみむすひのかみ》、次に神産巣日神《かみむすひのかみ》・・・・・」

神道の最高神である、天之御中主神《あめのみなかぬしのかみ》を、「無限」の大宇宙そのものの根本創造主と勘違いしている方が多くいらっしゃるようですが、**古事記の天地開闢には、天之《あめの》御中主神《みなかぬしのかみ》が天地を創造したとは、書かれていません。**

あくまでも、「天と地とが初めて分かれた開闢の時に、高天原に成り出でた神の名は、アメノミナカヌシノカミ、次にタカミムスヒノカミ、次にカミムスヒノカミである。」と書かれているだけなのです。

天と地とが初めて分かれた開闢の時に、高天原に成り出でた神の名は、アメノミナカヌシノカミを始めとする、いわゆる、造化三神だと書かれているだけであり、**アメノミナカヌシノカミが宇宙を創ったとも、あるいは造化三神が宇宙を創ったとも一言も書かれてはいません。**

世界の主な宗教の源は一つなので、**古事記の最初の「天地《あめつち》の初め」、即ち天地開闢は、『創世記』と同じように、地球から見て、天地が開け、大空が現れ、「天」が開け**

たことを語っているのです。

神道のルーツは古代ユダヤ教であり、**神道の最高神とされる天之御中主神《あめのみなかぬしのかみ》とはヤーウェのことであり、ヤーウェとは、「天空」を意味する言葉**でもあります。

『創世記』を始め、日本の古事記や、世界中の様々な宗教や神話で語られている、天地開闢物語、宇宙開闢物語というのは、無形の超自然の全能の神によって、「無限」の大宇宙が創造されたというような大袈裟なものなどでは決してありません。

『創世記』を始めとする、世界中の様々な天地開闢物語、宇宙開闢物語というのは、あくまでも、地球から見た天地開闢物語であり、地球から見た宇宙開闢物語なのです。

『創世記』を始め、世界中の様々な天地開闢物語、宇宙開闢物語というのは、あくまでも、異星人エロヒムの科学者たちが、二五〇〇〇年程前、地球にやって来て、水と濃密な霧にすっぽりと包まれていた地球上で、大空と大陸を形成し、生命創造の実験を行なっていったことが語られているのです。

ビッグバン理論に代表されるような、物理的大宇宙そのものの始まり・誕生というような概念は、科学が発達してきた二〇世紀頃から、一般の人々が意識するようになったものではないでしょうか？

ほんの四〇〇年程前、天動説を否定して地動説を唱えたガリレオ・ガリレイが、宗教裁判にかけられ、ローマ教皇庁から有罪を宣告されたのは、有名な話です。

また、ガリレオより少し早い時代に生きたコペルニクスも地動説を唱えましたが、自己の地動説発表による影響を恐れて、主著『天体の回転について』の販売を、死期を迎えるまで許さなかった為、自著の完成を見ることなく逝ったと言われています。

（一五四三年没）

ほんの四〇〇年程前の時代は、ほとんどの人々が、地球が宇宙の中心にあり、宇宙の中心にある地球の周りを太陽が回っているのだと信じ込んでいたのです。

ビッグバン理論に代表されるような、物理的大宇宙そのものの始まり・誕生などという概念は、コペルニクスやガリレオの時代よりもさらに科学が進み、地動説が当たり前になり、さらに宇宙への探求が進んでから一般的になった概念であり、人々が大きく意識するようになったのは、二〇世紀に入る頃からなのではないでしょうか？

物理的大宇宙というのは、時間においても空間においても「無限」なので、ビッグバン理論などは、実際には、間違った概念にしか過ぎないのですが、それはともかく、**何千年も前に書かれた『創世記』や、世界中の経典や神話などに、ビッグバン理論に代表されるような物理的大宇宙そのものの始まり・誕生などが語られている訳では決してないということだけは**、しっかりと認識しておく必要があるかと思います。

『創世記』に書かれている天地創造とは、無形の超自然の全能の神が、「無限」の大宇宙を創造したというような、大袈裟な話などではなく、あくまでも、今から二五〇〇〇年程前、異星人エロヒムが、地球にやって来て、水と濃密な霧に包まれていた地球上で、大空（天）と大陸を形成し、植物・動物、そして最後には私たち人間を科学的に創造したことが書かれているのです。

『創世記』に書かれている天地創造とは、あくまでも、地球にとっての天地創造であり、地球から見た天地開闢なので、「無限」の大宇宙そのものの天地創造、天地開闢が語られている訳では決してないということを、理解する必要があります。

光る円盤で飛来して来たエロヒムは、天空神として崇められた

エロヒムは、光る円盤、即ち、宇宙船（ＵＦＯ）に乗って天空から飛来して来ました。やがて、天空神として崇められるようになりました。

かつて、何千年も前の時代には、エロヒムの宇宙船が、人々の前に姿を見せていた時代があり、**光る円盤に乗って天空から飛来して来たエロヒムは、天空神として崇められ、天空の持つ「無限」性、超越性とも結び付いて考えられるようになります。**

モーゼの時代には、エロヒムの宇宙船が、**「火の柱、雲の柱」**として、昼となく夜となく、モーゼたちを導いていったことが記されています。

また、モーゼがシナイ山の山頂で「十戒」が書かれた石板を受け取る時には、民衆が見守る中で、**エロヒムの宇宙船をシナイ山の山頂に着陸させています。**

そして、モーゼの兄のアロンや、イスラエルの七〇人の長老たちに、山頂近くまで登ってくるように命じて、この歴史的イベントに立ち会わせています。

ヤーウェが乗ったエロヒムの宇宙船は、聖書の中では、**「主の栄光」**と呼ばれたりしていますが、何千年も前の時代の人々にとっては、**光る円盤に乗って天空から飛来して来たエロヒムは、天空神として崇められる存在**でもあったのです。

我が国・日本を始め、エジプトや世界各地には、太陽信仰が見られますが、**太陽信仰とエロヒムとは密接に関わっており、エロヒムの光る円盤（ＵＦＯ）は、太陽と結び付けて考えられるようになりました。**

エジプトの太陽神ラーは、翼を持った太陽、即ち、**「有翼日輪」**として描かれたりしますが、**翼を持った太陽とは、エロヒムの光る円盤（ＵＦＯ）のこと**なのです。

エロヒムの宇宙船（ＵＦＯ）は、日本においても、**天磐船、天鳥船、天浮舟**などの表現で表されています。

古事記では、国生みの最初の場面が、イザナギとイザナミの二神が、**天浮橋**に立ち、天沼矛を下してかき回してから引き上げたところ、沼矛から滴り落ちた潮水が積り重なってオノゴロ島が出来た所から始まっています。

エロヒムの宇宙船（ＵＦＯ）は、仏教においては、**「天蓋」**、**「輪宝」**として表現されていますし、キリスト教の絵画を始め、世界各地で様々に描かれています。

光る円盤、即ち、宇宙船（ＵＦＯ）で天空から飛来して来たエロヒムは、天空神として崇められるようになり、エロヒムの光る円盤は、太陽とも同一視して考えられるようになりました。

そして、高度な遺伝子工学により生命を操って死と再生を司り、不死の生命、永遠の生命も操ることが出来た**エロヒムは、死と再生のシンボルとも言える太陽とも同一視されるようになりました。**

沈んでは昇る周期を繰り返しながら、地上の生命に恵みをもたらす太陽は、死と再生のシンボルでもあり、死と再生を司ったエロヒムと同一視されたのです。

光る円盤で天空から飛来して来て、死と再生を司ることが出来たエロヒムは、太陽と同一視されるようになり、太陽信仰とも結び付くことになるのですが、天空の持つ「無限」性、超越性とも結び付き、神（天）という概念とも結び付くことになりました。

遺伝子で不死の生命を操るエロヒムは、神と結び付いた

光る円盤で天空から飛来して来たエロヒムは、天空神として崇められるようになり、エロヒムの光る円盤は、太陽とも同一視されるようにもなりました。

そして、遺伝子を操作して死と再生を司ることが出来たエロヒムは、沈んでは昇る周期を繰り返して死と再生のシンボルでもあった太陽と同一視されるようになるとともに、「神」という概念とも結び付くことになりました。

あらゆる宗教の根源には、永遠の平安を得て永遠の生命を得たいという、人間が持つ根源的な願望があるかと思いますが、**それを実現させる力を持っていたエロヒムは、「神」という概念と結び付くことになったのです。**

地球の全生命の創造主であるエロヒムは、地球に対しては「全能」であり、**光る円盤で天空から飛来して来て、死と再生を司って生命を操り、不死の生命、永遠の生命も操ることが出来たエロヒムは、神（天）という概念と結び付き、「大宇宙意識（無限）」とも結び付いて考えられるようになったのです。**

遺伝子（ＤＮＡ）の二重らせんと、ルシファーのシンボル「蛇」

エロヒムが、「神」という概念と結び付き、「大宇宙意識（無限）」と混同して捉えられるようになった大きな要因は、エロヒムが遺伝子を操作して死と再生を司り、不死の生命、永遠の生命を操ることが出来たからなのです。

生命操作技術に習熟して、生命を自由に操ることが出来たエロヒムは、「神」と同等の存在として崇められ、「大宇宙意識（無限）」と結び付いたのです。

エロヒムは、生命を操作して人間を不死にすることが出来るとともに、エロヒム自身もまた、不死の特権を得て何千年・何万年も生きる存在だったので、当時の地球人から見れば、「神」と同等の存在として崇められたのです。

「神」になれる条件とは、生命を操り、不死になれるということでもあり、不死の特権を得ていたエロヒムは、「大宇宙意識（無限）」と結び付くことになったのです。

そして、**死と再生の秘密、不死の生命の秘密は、遺伝子（ＤＮＡ）にあり、ＤＮＡ**

は二重らせん構造をしています。

死と再生の秘密、不死の生命の秘密が隠されている、遺伝子（ＤＮＡ）の二重らせん構造は、しばしば、二匹の蛇がらせん状に絡まった姿で象徴されています。

これは、**ルシファーのシンボルが「蛇」**であった為で、ルシファーは、地球に来ていたエロヒムの科学者たちの中の代表的なリーダーの一人でした。

遺伝子（ＤＮＡ）を操作して生命を操り、死と再生を操ることが出来たルシファーは、**遺伝子（ＤＮＡ）の二重らせん構造を表す、二匹のらせん状に絡み合った蛇**とも関係しており、世界各地にこのシンボルが見られます。

シュメール時代のグデア王の奉納の壺や、唐代の伏犠と女媧の図、古代ギリシャの死と再生の神ヘルメスが持っていた二匹の蛇が絡む蛇杖など、**二匹の蛇がらせん状に絡み合ったシンボルのルーツは、ルシファー**なのです。

「蛇」がシンボルでもあったルシファーが、二重らせん構造を持つ遺伝子（ＤＮＡ）を操って死と再生を司り、不死の生命を操ることが出来たことに由来しています。

龍（ドラゴン）のルーツは、ルシファー（蛇）へのナーガ信仰

ルシファーは、地球に来ていたエロヒムの科学者たちの中の代表的なリーダーであり、龍（ドラゴン）のルーツにもなっています。

龍（ドラゴン）という、架空の生き物が信仰されるようになったルーツは、「蛇」をシンボルとするルシファーへのナーガ信仰なのです。

ナーガとは、インド神話に起源を持つ、蛇の精霊あるいは、蛇神のことですが、ナーガ信仰のルーツは、ルシファーなのです。

仏陀が「悟り」を開く時には、ナーガが守護したとされ、仏教に竜王として取り入れられて以来、ナーガは仏教の守護神ともなっています。

仏陀の母親である摩耶夫人《まやぶにん》が仏陀を身ごもった時、**天から六本の牙を持つ白象が右脇から胎内に入る夢を見た**と伝えられています。

白象はナーガと言いますが、**ナーガとは元々はサンスクリット語で「蛇」を表す言葉であり、「蛇」はルシファーのシンボル**でもありました。

イエス・キリストの実の父親がヤーウェであり、地球人の女性マリアとの間に生まれたハーフであったように、**仏陀もまた、エロヒムと地球人の女性摩耶夫人《まやぶにん》との間に生まれたハーフであり、仏陀の実の父親は、ヤーウェかルシファーだったようです。**

そして、仏陀が菩提樹の下で開いた「悟り」というのも、四九日間瞑想して得られたものではなく、**実際には、その間、エロヒムの不死の惑星に連れて行かれて、地球の真実を教えられ、奥義を伝授されたのです。**

この時、仏陀を導いたのが、実の父親であった可能性もあるルシファーであり、**仏陀生誕、そして仏教の誕生は、ルシファーの存在抜きにして語ることは出来ません。**

インド神話に起源を持つナーガ信仰や、世界各地の蛇信仰のルーツは、ルシファーであり、ヒンズー教のシヴァ神が首にコブラを巻いた姿で描かれたりするのも、そのルーツは、ルシファーなのです。

そして、「蛇」をシンボルとする、ルシファーへのナーガ信仰が、やがて、龍（ドラゴン）という架空の生き物を生み出すことになり、龍神信仰へと繋がっていきます。

龍（ドラゴン）の起源は中国だとされていますが、そのルーツにあるのは、ルシファーへのナーガ信仰であり、龍（ドラゴン）もまた、ナーガと呼ぶようです。

元々インドにおけるナーガ信仰の蛇は、コブラだったようですが、コブラのいない中国に伝わってから、やがて、龍（ドラゴン）という伝説上の生き物を生み出すことになったようです。

何れにしても、龍（ドラゴン）という、伝説上の架空の生き物が世界各地で信仰されるようになったのは、「蛇」をシンボルとする、ルシファーへのナーガ信仰がルーツなのです。

「蛇」をシンボルとするルシファーへの信仰

「蛇」をシンボルとするルシファーへのナーガ信仰が、伝説上の生き物である龍（ドラゴン）を生み出し、龍神信仰にも繋がっていくのですが、「蛇」をシンボルとする**ルシファーへの信仰は、世界各地に普遍的な形で残っています。**

数千年も前に生きていた**古代の諸民族は、ほとんど例外なく、彼らの祖神として「蛇」を信仰していた**ようですが、そのルーツにあるのも、「蛇」をシンボルとするルシファーへの信仰なのです。

古代イスラエルの地にあった実験場で、人類最初の人間であるアダムとイブが創造されましたが、そこにあった**ルシファーをリーダーとする科学者チームは「蛇」というニックネームで呼ばれていました。**

自分たちの創造物を深く愛するようになったルシファーたちは、アダムとイブに、「禁断の果実」である「科学の書」を教えてしまいました。

そのことを知ったヤーウェは、アダムとイブを、エデンの園から追放してしまい、ルシファーたちにも地球に留まるように命じて、地球に追放してしまいました。

地球に追放された、ルシファーを中心とするエロヒムの科学者たちは、やがて、地上に人間が増え始めると、最も美しい娘たちを、自分たちの妻にするようになりましたので、**古代のイスラエル民族というのは、エロヒムの直系子孫なのです。**


そして、地球に核ミサイルが発射されて地球の創造物が抹殺されることを予め知ったルシファーは、**「ノアの箱舟」**と呼ばれた宇宙船の中に、地球の生命を保存し、大災害が続いている間、地上から何千キロも離れた上空で保護しました。

大洪水後、ノアたちや地球の生命が再び地上に蘇ることになったのは、ルシファーたちのお陰なのです。

ルシファーたちは、大洪水後、ノアたち人間が、文明を築いていけるように、ある期間まで地球に留まり、農耕、鍛冶・冶金、医学・薬学、気象学・天文学、文字の書き方など、様々な基礎知識を人間たちに授けていきました。


このように、地球に来ていたエロヒムの科学者たちの中の代表的なリーダーがルシ

ファーであり、ルシファーの存在は、私たち人類と切っても切れない、深く密接な関係にあります。

宗教の語源は、ラテン語の「religio」であり、「再び結びつける」という意味だとのことですが、**創造者であるエロヒムと人間を「再び結びつける」のが宗教**であり、その象徴として、世界各地に**「生命の樹」（命の木）**が見られます。

「生命の樹」は、天上界のエロヒムと地上界の人間を結ぶものであり、「生命の樹」と深い関係にあったルシファーもまた、両者を固く結ぶ絆的存在でもありました。

数千年も前の古代の諸民族が、ほとんど例外なく、彼らの祖神として「蛇」を信仰していたルーツにあるのは、「蛇」をシンボルとするルシファーへの信仰なのです。

地球の全生命の創造主はエロヒムであり、宗教における「神」というのはエロヒムなのですが、**エロヒムの代表的リーダーであったルシファーのシンボル「蛇」は、世界各地で普遍的な形で信仰されるようになりました。**

そして、東洋においては、**龍（ドラゴン）**という伝説上の生き物を生み出す元にもなり、仏教の中では**竜王**として取り入れられ、仏法の守護神ともなっています。

神とは、エロヒムにとっての「隠れ蓑」

世界の主な宗教の源は一つであり、宗教における「神」というのは、実際には、地球の全生命の創造主であるエロヒムのことなのです。

光る円盤で天空から飛来して来て、生命を操って死と再生を司り、不死の生命、永遠の生命も操ることが出来たエロヒムは、天空神として崇められ、神（天）と同等の存在になり、「大宇宙意識（無限）」とも結び付くようになったのです。

また、神という概念は、エロヒムにとっての「隠れ蓑」としても使われました。

エロヒムの科学者たちが、最初に彼らに似せた知的生命体、即ち、人間を創造した時、エロヒムの惑星では大問題になり、パニックになる恐れさえ出てきました。

そこで、エロヒムの惑星政府は、創造物である人間がエロヒムを上回ることが無いように対策を講じなければなりませんでした。

惑星政府は科学者たちに対して、最初に創造された人間たちに、どのようにして彼らが創造されたのか、そして、エロヒムとは何者なのかを明かすことを厳禁しました。

エロヒムは、人間が科学には無知なまま原始的に生きるように仕向け、人間に対して超自然の神的な存在のように振る舞い、彼らの活動を神秘化しました。

そして、人間が、創造主であるエロヒムに対して畏敬の念を抱き、超自然的で神秘的な存在であると思うように仕向けたのです。

創造物である人間がエロヒムと同等の存在になることは、エロヒムにとって最も避けるべき、危険なことでもあったので、**神と同等の存在のように振る舞い、神という「隠れ蓑」を使うことは、エロヒムにとって必要だったのです。**

そしてまた、真実が啓示される時代、アポカリプス（黙示録）の時代を迎える現代までは、人間が科学的に全てを理解することは不可能だったので、**神というエロヒムの「隠れ蓑」は、私たち人類にとっても必要でした。**

アポカリプスの時代を迎えるまで、神という概念は必要だった

最初の人間を創造した時にエロヒムが使った、神という「隠れ蓑」は、真実が啓示される時代、アポカリプス（黙示録）の時代を迎える現代までは、私たち人類にとっても必要でした。

真実が啓示される時代を迎えて、全てを科学的に理解出来る時代を迎えるまでは、崇め奉る絶対的な神の存在というのは、むしろ、人間にとっても必要だったのです。

地球の全生命の創造主であるエロヒムは、あくまでも、他の惑星に住む人間たちであり、高度な科学技術によって、エロヒムは地球の全生命の創造主となることが出来たのです。

宇宙船に乗って地球にやって来て、彼らの生命創造の実験場として、大陸を創造し、植物・動物、そして、彼らに似せた知的生命体である人間を創造したのです。

しかしこのことは、真実が啓示される時代を迎えるまでは、理解出来ませんでした。

私たち人類が、初めて宇宙ロケットを発射したのも、遺伝子（ＤＮＡ）の二重らせん構造を発見したのも、核エネルギーを発見したのも、二十世紀半ばであり、ほんの数十年前のことなのです。

他の惑星に住む人間たちが、高度な科学技術によって、宇宙船に乗って地球にやって来て、大陸を創造し、高度な遺伝子工学によって、植物・動物・人間も含めた全生命を科学的に創造したなどということは、到底理解不可能なことでした。

科学が発達した現代の私たちであれば、これらのことを理解することが出来ます。

火星への移住計画が、アメリカ航空宇宙局（ＮＡＳＡ）を始め、民間レベルでも進められており、まだまだ先の話になりますが、「火星テラフォーミング」と言って、火星に大気を作って人間が住める惑星に作り変えてしまおうという、「地球化」、「惑星化」のプロジェクトまで取り沙汰される時代なのです。

遺伝子（ＤＮＡ）の研究が進み、遺伝子組み換えによる様々な実験が行われており、ヒト遺伝子（ヒトゲノム）の全解読にも成功しています。

そして、クローン技術も獲得しましたので、**高度なクローニングによって、不死の**

生命、永遠の生命が可能となることも理解出来ます。

科学が発達した現代において初めて、私たち人類は、人間に秘められた可能性に目覚め、自分たちも創造者になれることを理解出来るようになったのです。

今後、科学がさらに進歩すれば、将来、私たち人類も、火星などの他の惑星に出かけて行き、生命創造の実験を行うことが可能になることは、想像に難くありません。

しかし、真実が啓示される時代を迎えて、全てを科学的に理解出来る現代を迎えるまで、**人類には、崇め奉る絶対的な神の存在というのは、むしろ、必要でした。**

エロヒムが、地球人に対して神のように振る舞い、神という「隠れ蓑」を使ったのは、エロヒムの壮大な計画の一部でもあり、科学の力で私たちも創造者になれることを理解出来るまでは、頼るべき存在、崇め奉る神という存在が必要だったのです。

しかし、科学的に全てが理解可能になり、科学の力で自分たちも創造者になれることを理解出来る現代においては、崇め奉る絶対的な神という存在は不要であり、私たちは、人間に秘められた可能性に目覚めるべき時を迎えているのです。

創造者エロヒムが、地球人に対して隠し通したこと

創造者エロヒムが、私たち地球人に対して隠し通したことがあります。

それは、「エロヒムもまた、地球人と同じ人間である」ということなのです。

エロヒムは、**「自分たちも実は、地球人と同じ人間である」**ことを隠し、神という「隠れ蓑」を使ったのですが、これは、エロヒムにとって必要なことでした。

創造物である人間が、エロヒムと同等の存在になり、エロヒムを上回ることは、エロヒムにとって最も避けるべき、危険なことでもあったので、**地球人に対して神のように振る舞い、神という「隠れ蓑」を使うことは、必要なことだったのです。**

そして、地球人にとっても、真実が啓示される時代、全てを科学的に理解出来る時代を迎えるまでは、頼るべき存在、崇め奉る絶対的な神の存在は必要でした。

エロヒムが、「自分たちも地球人と同じ人間である」ことを隠し通し、神という「隠れ蓑」を使ったことは、エロヒムの壮大な計画の一部でもあり、アポカリプス（黙示録）の時代を迎える現代までは、必要なことだったのです。

真実が啓示される現代まで、イエスの真意は理解不可能だった

真実が啓示される時代、アポカリプス（黙示録）の時代を迎える現代までは、イエス・キリストが語った言葉の真意は理解不可能でした。

例えば、イエスは、自分自身のことを、好んで「人の子」と呼んでいますが、**何故、イエスが自分自身のことを「人の子」と好んで呼んだのかは、**真実が啓示される時代を迎えるまでは、分かりませんでした。

イエス・キリストの実の父親は、エロヒムのリーダーであるヤーウェであり、あくまでも人間なので、イエスは「人の子」なのです。

聖霊によって身籠ったとされる、聖母マリアの処女懐胎とは、実際には、**エロヒムの宇宙船の中で人工授精が行われた**のであり、イエスの実の父親がヤーウェなのです。**「神＝人間」であり、自分は人間の子供である**ことを、イエスは**「人の子」**という言葉を好んで使って、暗にほのめかしていたのかも知れません。

イエスが**「天の父」**と呼んだのは、抽象的な概念などではなく、イエスの実の父親

のヤーウェのことなのです。

ヨルダン川でヨハネから洗礼を受けた時、イエスは、エロヒムの宇宙船に導かれて、四十日間、**エロヒムの不死の惑星に連れて行かれ、父親であるヤーウェに会って素性を知らされ、自分の使命を知らされました。**

そして、使命を遂行する為に必要な様々な手ほどきを受け、**「天国の奥義」**を伝授されたのです。

イエスは、天に祈るとき、ヤーウェのことを「アッバー」と呼んでいたようですが、「アッバー」とはアラム語で「お父さん」、「父ちゃん」という意味の、子供が父親を呼ぶ時の親しみを込めた言葉であり、ヤーウェはイエスの実の父親だったのです。

イエスが、十字架に架けられて死んでから三日後に復活すると言った時、それは、**高度なクローン技術によって、クローン人間として復活することを意味していた**のですが、当時の人々には、理解出来ませんでした。

イエス・キリストの再臨とは、この二一世紀にエロヒムを迎える為の大使館が建設されてエロヒムの偉大なる帰還が実現した時、エロヒムの宇宙船に乗って、ヤーウェ

と共にイエスが地球にやって来ることを意味します。

「あなたたちは、人の子が全能の神の右に座り、天の雲に囲まれて来るのを見る。」

(『マルコによる福音書』第14章・第62節)

当時の人々には、これも理解不可能でした。

イエス・キリストが語った言葉の真意は、当時の人々には、理解不可能でした。

アポカリプス(黙示録)の時代を迎えて、真実が明らかになり、全てを科学的に理解出来るようになるまでは、理解不可能だったのです。

そして、イエス・キリストが語った言葉というのは、本当は、アポカリプス(黙示録)の時代の人々、「現代」の私たちに向けて語られていたメッセージだったのです。

イエスは、真実が啓示される「現代」の人々に向けて語っていた

イエス・キリストの使命は、太古からの神秘が、科学の進歩によって解明される時代の到来に備えて、聖書の記述が真実の証拠として役立つよう、聖書に書かれた真実を地上全体に広めることでした。

アポカリプス（黙示録）の時代、真実が啓示される時代の到来に備えて、聖書に書かれた真実を世界中に広めるという役割を担って、エロヒムから選ばれた偉大なメッセンジャーが、イエス・キリストだったのです。

ですから、イエスは、自分の時代に向けて活動していた訳ではなく、彼の最終目標は、あくまでも、アポカリプス（黙示録）の時代、真実が啓示される時代である、「現代」なのです。

イエスは、自分の時代に向けて活動していた訳ではないので、**彼が語った言葉というのも、本当は、私たち「現代」の人々に向けて投げかけられた言葉**なので、その当時の人々には、真意は理解出来ないものだったのです。

イエスは、しばしば、**「聞く耳のある者は聞きなさい」**という表現を使いましたが、この言葉を裏返せば、「聞く耳のある者だけが分かる」ということになります。

イエスは、しばしば譬えを用いて語りましたが、**その譬えも、当時の人々には理解出来ないものでした。**

「わたしは口を開いてたとえを用い、天地創造の時から隠されていたことを告げる。」
（『マタイによる福音書』第13章・第35節）

イエスが語った「天地創造の時から隠されていたこと」の譬えは、一部の「聞く耳のある者」にしか分からない譬え話だったのです。

イエスが語った言葉の真意は、真実が啓示される時代、アポカリプス（黙示録）の時代にならなければ理解不可能でした。

イエスは彼の時代に向けて活動していた訳ではなく、彼の最終目標はあくまでも、アポカリプス（黙示録）の時代である「現代」であり、イエスは、「現代」の私たちに向けて言葉を投げかけていたのです。

エロヒムは地球の他に、他の二つの惑星で生命を創造した

イエスの譬え話の中で、アポカリプス（黙示録）の時代である「現代」を迎えるまでは、決して理解出来ないものの一つが、「種を蒔く人」の譬えです。

実は、エロヒムは、地球での生命創造の実験が成功する前に、他の惑星で三度、生命創造の試みに失敗しています。

そして、**四度目の惑星である地球において初めて、生命創造の実験に成功を収めた**のですが、そのことが譬えで語られているのです。

『よく聞きなさい。種を蒔く人が種蒔きに出て行った。蒔いている間に、ある種は道端に落ち、鳥が来て食べてしまった。ほかの種は、石だらけで土の少ない所に落ち、そこは土が浅いのですぐ芽を出した。しかし、日が昇ると焼けて、根がないために枯れてしまった。ほかの種は茨の中に落ちた。すると茨が伸びて覆いふさいだので、実を結ばなかった。また、ほかの種は良い土地に落ち、芽生え、育って実を結び、あるものは三十倍、あるものは六十倍、あるものは百倍にもなった。』そして、**『聞く耳のある者は聞きなさい』**と言われた。」（『マルコによる福音書』第4章・第3～9節）

「種を蒔く人が種蒔きに出て行った」とは、創造者たちが、他の世界に生命を創造する為に、惑星を離れたことを表しています。

第一回目は、「鳥が来て食べてしまった」と表現されていますが、**その世界がエロヒムの惑星からあまりにも近過ぎた**ので、自分たちに似た生命の創造はいずれ自分たちに脅威をもたらすと考える、サタンたち反対派がその惑星に出かけて行って、創造物を破壊してしまいました。

第二回目は、「日が昇ると焼けて、根がないために枯れてしまった」と表現されていますが、**あまりにも太陽に近い惑星を選んだ為**、暑過ぎた上、太陽の有害な放射線の為に、創造物は破壊されてしまったのです。

第三回目は、「茨が伸びて覆いふさいだので、実を結ばなかった」と表現されていますが、**この惑星は非常に湿気が多く、植物が蔓延《はびこ》っていたので、自然のバランスを破壊し、動物を滅ぼしてしまった**そうで、この惑星では、今でも、植物だけが存在しているそうです。

そして、四回目の試みで、「良い土地」である地球において、エロヒムは遂に成功を収めたのですが、ここで大切なことは、三回の成功を収めたということです。

「ほかの種は良い土地に落ち、芽生え、育って実を結び、あるものは三十倍、あるものは六十倍、あるものは百倍にもなった。」と表現されているのは、地球を含む三つの惑星で、エロヒムは成功を収めたということなのです。

つまり、地球以外にも、比較的近くにある他の二つの惑星で、エロヒムによって創造された、人間に似た生物がいるということになります。

地球を含む三つの惑星は、競争関係にありますので、自ら知性を示し、同時に、創造者の援助を受けるに値する者だけが、エロヒムの援助を受けることになるでしょう。

そして、自ら知性を示すことの出来ない者は、滅びるでしょう。

「持っている人は更に与えられて豊かになるが、持っていない人は持っているものまでも取り上げられる。」(『マタイによる福音書』第13章・第12節)

イエスは、同じことを**「タラントン」**の譬えでも語っています。

「天の国はまた次のようにたとえられる。ある人が旅行に出かけるとき、僕《しもべ》たちを呼んで、自分の財産を預けた。それぞれの力に応じて、一人には五タラントン、一人には二タラントン、もう一人には一タラントンを預けて旅に出かけた。・・・さて、かなり日がたってから、僕《しもべ》たちの主人が帰って来て、彼らと清算を始めた。まず、五タラントン預かった者が進み出て、ほかの五タラントンを差し出して言った。『ほかに五タラントンもうけました。』・・・次に二タラントン預かった者も進み出て言った。『ほかに二タラントンもうけました。』・・・ところで、一タラントン預かった者も進み出て言った。『出かけて行って、あなたのタラントンを地の中に隠しておきました。ご覧ください。これがあなたのお金です。』主人は答えた。『・・・さあ、そのタラントンをこの男から取り上げて、十タラントン持っている者に与えよ。**だれでも持っている人は更に与えられて豊かになるが、持っていない人は持っているものまでも取り上げられる。**この役に立たない僕《しもべ》を外の暗闇に追い出せ。そこで泣きわめいて歯ぎしりするだろう。』（『マタイによる福音書』第25章・第14～30節）

最も高い知性を示した惑星が、エロヒムの遺産を伝授される

地球を含む三つの惑星の中で、科学的に最も偉大な進歩を遂げ、それによって自らの知性を示した者が、創造者たちに敵対心を示さないという条件付きで、エロヒムの遺産を伝授される恩恵に浴することが出来ます。

私たち人類が、創造者であるエロヒムに知性を示せば、今の地球の科学よりも二五〇〇〇年も進んだエロヒムの科学的知識を、遺産として伝授される恩恵に浴するのですが、このことを、イエスは、**「からし種」**の譬えで語っています。

「天の国はからし種に似ている。人がこれを取って畑に蒔けば、どんな種よりも小さいのに、成長するとどの野菜よりも大きくなり、空の鳥が来て枝に巣を作るほどの木になる。」(『マタイによる福音書』第13章・第31・32節)

「成長した木」は最も高度な文明を発達させて知性を示した惑星を表し、「空の鳥」は創造者を表しますので、**私たち人類がそれに値することを示した時に、人間の為の知識を持ってエロヒムは地球にやって来て、「巣を作る」ということであり、イエスは、この状態が「天の国」だと言っているのです。**

イエス・キリストが本当に言いたかったこと

「時は満ち、神の国は近付いた。悔い改めて福音を信じなさい。」（『マルコによる福音書』第1章・第15節）

福音書に記されているイエスの活動を一言で表すと、この言葉になるとも言われていますが、イエスは彼の時代の為に活動していた訳ではなく、**イエスの最終目標は、あくまでも、アポカリプス（黙示録）の時代である「現代」なので、この言葉も、「現代」の私たちに向けて語られているメッセージなのです。**

「時は満ち、神の国は近付いた」というのは、**真実が啓示される時代である「現代」のこと**なのです。

そして、「悔い改める」というのも、過去の過ちを改悛するということではなく、思いや考え方を改めるということなので、「悔い改めて福音を信じなさい」というのは、**思いや考え方を改めて、啓示された真実を信じなさい、ということになります。**

「神の国」とは、先程の「からし種」の譬えにあったように、私たち人類がそれに値

することを示した時に、創造者であるエロヒムが、人間の為の知識を持って地球にやって来ることを意味しています。

エロヒムを迎える為の大使館を建設して、エロヒムの偉大なる帰還が実現した時、**創造者であるエロヒムは、宇宙船に乗って地球にやって来る**ことになります。

その時、ヤーウェに率いられて、イエス・キリストを始め、モーゼ、仏陀、マホメットなど、**古代の預言者たちも、一緒に地球にやって来る**ことになるでしょう。

イエス・キリストの再臨とは、このことなのです。

そして、私たち人類は、地球の科学よりも二五〇〇〇年も進んだエロヒムの科学的知識を遺産として伝授され、**人類の黄金時代、地上天国を迎える**ことになります。

キリスト教の世界で言われる**「至福千年王国」**とは、このことなのです。

「時は満ち、神の国は近付いた。悔い改めて福音を信じなさい。」という言葉は、「現代」の私たちに向けて語られているメッセージであり、イエスは、自分自身が再臨する時代に向けて活動していたのです。

イエス・キリストが本当に言いたかったことは、全てを科学的に理解出来る「現代」

を迎えるまでは、理解不可能であり、次の四点に要約することが出来ます。

一つ目は、**地球の全生命の創造主は、異星人エロヒム**であり、他の惑星からやって来た科学者たちによって、科学的に創造されたものなので、**「神＝人間」であるということ**なのです。

二つ目は、**エロヒムは、地球の他にも二つの惑星で生命を創造したということであり、三つの惑星は、競争関係にあるということ**なのです。

地球を含む三つの惑星の中で、科学的に最も偉大な進歩を遂げ、それによって自らの知性を示した者が、創造者たちに敵対心を示さないという条件付きで、エロヒムの遺産を伝授される恩恵に浴することが出来ます。

三つ目は、**私たち人類が、エロヒムを迎える為の大使館を建設して、創造者を歓迎する意志表示をした時、エロヒムの偉大なる帰還が実現するとともに、イエス・キリストも再臨するということ**なのです。

そして、エロヒムの遺産を伝授される恩恵により、「神の国」とも言うべき、**「至福千年王国」**を花開かせて、人類の黄金時代を迎えることが出来るということなのです。

そして、四つ目は、**何れ私たち人類も、他の惑星に行って生命を創造し、創造者となるであろうということ**なのです。

イエス・キリスト自身が弟子たちに教えたとされる、「主の祈り」という有名な祈祷文の中に、次のような言葉があります。

「み国が来ますように。みこころが天に行われるとおり、地にも行われますように。」

「み国」とは「神の国」、「天の国」ということであり、「み国が来ますように。」とは、**エロヒムの偉大なる帰還が実現して、地上天国とも言うべき、「至福千年王国」が花開くこと**を意味しています。

そして、「みこころが天に行われるとおり、地にも行われますように。」というのは、**天上界のエロヒムが地上界の地球で生命を創造したように、私たち地球人類もまた、他の惑星に行って生命を創造するようになること**を意味しています。

その深い意味が理解されないまま、繰り返し称えられてきたこの祈りが、今ようやく、その本当の意味を取り戻したのです。

創造者であるエロヒムが、私たち人類に望んでいること

「み国が来ますように。みこころが天に行われるとおり、地にも行われますように。」という「主の祈り」の言葉によって、**イエスは、時が来れば、エロヒムの偉大なる帰還が実現し、地上天国が到来すると共に、今度は、私たち人類が他の惑星に行って生命を創造し、創造者となる時が何れ来ることを伝えています。**

私たち人類は、地球の全生命の創造主である、エロヒムという、他の惑星からやって来た人間たちによって科学的に創造されましたが、**人類の親であるエロヒムもまた、他の惑星からやって来た異星人たちによって科学的に創造されました。**

エロヒムが、彼らもまた他の惑星からやって来た異星人たちによって科学的に創造されたことを知ったのは、地球に核ミサイルを発射して地球の創造物を抹殺してしまった、「ノアの箱舟」と大洪水の時のことです。

その時、エロヒムの親にあたる、エロヒムを創造した世界から自動宇宙船がやって来て、そこに残されていたメッセージにより、エロヒムはそのことを知りました。

そして、親から子、子から孫へと生命が引き継がれていくように、惑星レベルにおいてもまた、生命創造という「惑星レベルにおける生殖行為」によって、親から子、子から孫へと、生命が引き継がれていることに、エロヒムは気付きました。

自分たちが地球で行った生命創造の実験は、「惑星レベルでの生殖行為」だったということに、エロヒムは初めて気が付いたのです。

そして、エロヒムの惑星の不死会議の議長であるヤーウェは、地球の創造物を抹殺したことを後悔し、**二度と再び、地球の創造物を抹殺することはしないと決意すると共に、ルシファーたちが「ノアの箱舟」という宇宙船の中に保護していた地球の生命を、再び地上に戻すことに、積極的に協力したのです。**

このことは、サタンの反対を振り切って行われ、エロヒムの惑星政府は、地球の生命を蘇らせる為に、ルシファーたちに積極的に協力しました。

そして、ヤーウェは、人間が進歩を望むのは当然のことであると理解し、**人類の歩みは、人類自らの手に委ねることにしたのです。**

エロヒムは、人類の歩みは人類自らの手に委ねて見守りながらも、時代時代に応じて、モーゼ、仏陀、イエス・キリスト、マホメットなどの古代の預言者たちをメッセンジャーとして遣わし、私たち人類を導いてきてくれました。

全ては、真実が啓示される時代、アポカリプス（黙示録）の時代である「現代」に、私たち人類がエロヒムを迎える為の大使館を建設して、人類の黄金時代の扉を開き、エロヒムの偉大なる帰還を実現させる為なのです。

そして、エロヒムの科学的知識を遺産として伝授される恩恵により、地上天国とも言うべき、**「至福千年王国」**を花開かせ、人類の黄金時代を到来させる為なのです。

エロヒムの親にあたる、エロヒムを創造した創造者たちの世界は、太陽の急激な寒冷化か何かの理由により、**既に消滅してしまった**ようです。

エロヒムは、もし太陽の急激な寒冷化か何かの理由により、エロヒムが消滅することになった時に備えて、自動宇宙船を配置してくれているようです。

そして、**万一、エロヒムが消滅してしまった時には、自動宇宙船が地球にやって来て、エロヒムの遺産を人類が受け取れる**ようにしてくれているということなのです。

もし万一、エロヒムの世界が消滅してしまった時には、エロヒムの遺産が地球に届くように配慮してくれているのですが、エロヒムは、私たち人類が知性を示して、創造者の遺産を伝授されるに値することを示し、エロヒムの援助を受けることを希望しています。

親であるエロヒムは、子供である私たち人類に、彼らの遺産を伝授することを望んでいるのであり、「惑星レベルにおける生命創造の営み」を、私たち人類に引き継がせることを希望しているのです。

エロヒムの親からエロヒムに引き継がれた、「惑星レベルでの生命創造の営み」というバトンを、私たち人類が引き継ぎ、**今度は私たちが他の惑星に出かけて行って、人類の子供となる生命を創造することを希望しているのです。**

その時、私たち人類もまた創造者となるのであり、その惑星においては、**今度は私たち人類が「天空から飛来した人々」と呼ばれることになる**でしょう。

大宇宙の中で「無限」に続いている生命創造の営み

大宇宙は、時間においても空間においても「無限」なので、物質には、始まりも無ければ終わりもありません。

何も失われることなく、何も創造されることなく、全てのものは、高度の科学的レベルに達した人々の意志に従って、その形を変えていくだけなのです。

このことは、「無限」にある生命レベルのどれについても当てはまります。

時間においても空間においても「無限」の大宇宙の中では、「無限」にある生命レベルのそれぞれにおいて、科学的な生命創造の営みが、永遠に繰り広げられています。

親から子、子から孫、さらには曾《ひ》孫へと人間の生命が引き継がれていくように、**私たち人類の親にあたるエロヒムは、この大宇宙の中で過去から「無限」に続いている生命創造の営みを、私たち人類が引き継ぐことを望んでいるのです。**

私たち人類もまた他の惑星に行って生命を創造し、その子供たちもまた他の惑星に行って生命を創造し、さらには人類の孫たちもまた、他の惑星で生命を創造して、惑星レベルでの生命創造が、未来へと引き継がれていくことを望んでいるのです。

宇宙時代の幕開け――人類が神（エロヒム）を見る日

私たち人類の親にあたるエロヒムは、人類が創造者エロヒムから遺産を伝授され、生命創造の営みを引き継いでいくことを望んでいますが、それを選択するかどうかは、私たち人類に掛かっており、あくまでも、私たち自身の問題なのです。

私たちが望まないのに、エロヒムの方から一方的にやって来ることはありません。

もし、私たちが、エロヒムの偉大なる帰還を望むのであれば、創造者であるエロヒムに知性を示し、遺産を伝授されるに値することを、自ら示さなければなりません。

具体的には、エロヒムを迎える為の公式な大使館を建設して、エロヒムを歓迎する意志表示をし、エロヒムの偉大なる帰還を実現させる必要があります。

その時初めて、エロヒムは公式に地球にやって来るのです。

エロヒムを迎える為の公式な大使館を建設して、エロヒムを歓迎する意志表示をした時に、エロヒムは宇宙船に乗って、公式に地球を訪問することになるでしょう。

エロヒムの惑星の不死会議の議長であるヤーウェに率いられて、イエス・キリストを始め、モーゼ、仏陀、マホメットなどの古代の預言者たちも、一緒に地球にやって来ることになります。

イエス・キリストの再臨とは、このことなのです。

「あなたたちは、人の子が全能の神の右に座り、天の雲に囲まれて来るのを見る。」
(『マルコによる福音書』第14章・第62節)

エロヒムの偉大なる帰還が実現した時、地球は宇宙時代を迎えます。

宇宙時代が幕を開け、私たち人類の黄金時代が幕開けするのです。

地球の科学よりも二五〇〇〇年も進んだエロヒムの科学的知識を遺産として伝授され、地球の新しい精神文明「花咲く都・黄金文明」を花開かせ、地上天国を実現させることになります。

キリスト教の世界で言われる「至福千年王国」とは、このことなのです。

エロヒムを迎える為の大使館が建設される国は、エロヒムの特別な保護を享受して、「至福千年王国」の中心地となり、以後何千年にも亘って、地球・世界の精神的および科学的中心となるでしょう。

エロヒムの偉大なる帰還は、私たち人類にとって、有史始まって以来の一大イベントとなります。

エロヒムの偉大なる帰還が実現した時、私たち人類は、神（エロヒム）を見る日を迎えるのです。

世界中の様々な宗教において「神」と崇められてきた存在は、不可視的で無形の超自然の全能の存在などではなく、あくまでも、私たちと同じ人間であることを、目の当たりに見ることになります。

そして、世界三大宗教のキリスト教・イスラム教・仏教の開祖である、イエス・キリスト、マホメット、仏陀たちが、不死の生命を与えられて、エロヒムの不死の惑星で何千年も生き続けていた姿を目の当たりに見るのです。

私たち人類が、神（エロヒム）を見る日は、宗教の終わりの日ともなります。

人類が長い間、絶対的な存在として崇め奉ってきた「神」が、私たちと同じ人間であり、私たち人類もまた、科学の偉大な秘密によって創造者になれることを自覚した

時、もはや、既存の宗教は必要ではなくなります。

私たち人類が、人間に秘められた可能性に目覚めた時、もはや、伝統的な宗教に頼らなくても生きていけるようになるのです。

イエス・キリスト、マホメット、仏陀などの古代の預言者たちは、真実が啓示される時代を迎えるまでは、**宗教という「松葉杖」**を必要とする人類の為に、エロヒムから遣わされた、偉大なメッセンジャーたちでした。

崇め奉る絶対的な「神」という存在は、今までの時代においては必要でしたが、**「神＝人間」であることを目の当たりに見て、私たち人類もまた、科学の偉大な力により創造者になれるのだということが自覚出来た時、もはや、伝統的宗教が果たしてきた役割は、終焉の時を迎えることになるのです。**

そして、今度は私たち人類が、他の惑星に行って生命を創造し、創造者となる番であることを、自覚する時ともなります。

「無限」の宗教――絶対の宗教、永遠の宗教

エロヒムの偉大なる帰還が実現して、私たち人類が神（エロヒム）を見る日を迎えた時、伝統的宗教は、その役割を終えることになります。

既存の宗教の多くは、その存在意義を失い、何れ消えていくことになるでしょう。

そして、多くの人たちが、エロヒムと同じように、「無限」の宗教を信仰するようになるでしょう。

地球の全生命の創造主であるエロヒムは、高度に発達した科学技術の恩恵により、楽園のような世界を実現していますので、私たち人類が持っているような、御利益信仰や、助けや救いを求めるような宗教は、一切持っていません。

エロヒムがもっている唯一の宗教が、「無限」の宗教なのであり、人類の創造主であるエロヒムが信仰しているのが、「大宇宙意識（無限）」なのです。

時間においても空間においても「無限」の大宇宙においては、地球の全生命の創造主であり、人類が「神」と崇めてきたエロヒムですら、「宇宙の塵」に等しい存在で

あり、**エロヒムは、「無限」の大宇宙そのものへの畏敬の念、崇敬の念、信仰心というものを持っています。**

時間においても空間においても「無限」の大宇宙というものを、エロヒムですら、理屈によってではなく、瞑想などを通じて五感を使って感じ取っているのです。

人類の創造主であるエロヒムが持っている唯一の宗教が、この「無限」の宗教であり、「無限」という意識レベルに到達した生命体にとって、この「無限」の宗教というのは、絶対の宗教となり、そして、永遠の宗教ともなるのです。

私たち人類の創造主であり、二五〇〇〇年も進んだ文明を持っているエロヒムが、この「無限」の宗教に忠実であるということが、その証であり、それはまた、私たち人類の未来の姿でもあります。

「無限」の宗教、それは、絶対の宗教であり、永遠の宗教です。

将来、私たち人類が宇宙レベルの意識に到達した時、全ての人々が、この「無限」の宗教を信仰するようになり、「大宇宙意識（無限）」を信仰するようになるでしょう。

大宇宙意識（無限）と異星人エロヒム

私たち人類は、何千年もの長い間、神というものについて、二つの概念を混同してきました。

即ち、「大宇宙意識（無限）」と、「異星人エロヒム」です。

地球の全生命の創造主にしか過ぎない「異星人エロヒム」を「大宇宙意識（無限）」と間違え、二つの概念を混同してきたのです。

地球の全生命の創造主である「異星人エロヒム」は、地球に対しては「全能」の存在ですが、時間においても空間においても「無限」の大宇宙の中では、**「宇宙の塵」にしか過ぎません。**

「異星人エロヒム」と「大宇宙意識（無限）」を結び付けることは、全く意味をなさず、この二つを明確に切り離して捉えるべき時を迎えています。

時間においても空間においても「無限」の大宇宙の中では、エロヒムも私たちも、

「宇宙の塵」にしか過ぎず、文字通り、エロヒムも私たちも、**「宇宙の塵」**なのです。
私たちは、「宇宙の塵」である物質から生まれ、死ぬと、「宇宙の塵」である物質に帰って行く存在にしか過ぎません。

「塵にすぎないお前は塵に返る。」（『創世記』第3章・第19節）

私たちの肉体の成分は、時間と共にその形態をどんどん変化させており、今はたまたま人間の肉体の細胞の一部になっているだけですが、肉体が死ぬと、その構成物質は、再び宇宙へと離散するのであり、**死とは、肉体を構成していたあらゆる物質が、宇宙へと離散することに他なりません。**

このことを、理学博士の戸来優次氏は、著書『複製された神の遺伝子』の中で的確に説明されていますので、少し長くなりますが引用させていただきます。

「我々は母親の胎内で育ち、生まれ出てきた。我々が胎児の時、その身体の細胞は、自分の母親が摂取した食物が分解され、再び結合して形成されたものである。胎児の身体の細胞は、母親が摂取した食物が変化してできたものである。そして、生まれ、成長していく過程で、身体はどんどんと大きくなっていくが、成長するために必要な栄養は、全て自分が体内に摂取した食物から供給される。その食物の細胞を構成している分子が変化して再び細胞を形成し、我々は成長してきた。**つまり、成人の身体を構成する約六〇兆個の細胞は、全てその人が過去に摂取してきた食物が変化して形成されたものであり、それ以外の何物でもない。**

牛肉や豚肉、人参、トマト、リンゴ、海藻・・・我々が日頃摂取するこれらの様々な動植物自体は、食物連鎖によって形成されたものである。**食物連鎖を過去に遡っていくと、前に述べたように地球の成分に辿り着く。**

地球は、微惑星が衝突を繰り返しながら次第に大きくなって出来た惑星であるが、微惑星は、太陽を中心にその周りを回転する原始惑星雲が凝縮してできたものであると言われている。そして、原始太陽系は我々の太陽系を含む銀河系の端にあった星間雲が超新星の爆発の衝撃波によって収縮してできたと考えられている。宇宙に存在する様々な物質が集まって星雲が形成され、その星雲が凝縮して銀河が形成され、さらに銀河の中のガスが凝縮して様々な星が作られたが、その中の一つが太陽である。

こうして考えると、地球の成分が宇宙の果てからやってきたことが分かる。すなわち、我々の身体は、遥か昔から、遥か彼方の宇宙空間を漂っていた物質から形成されていることが分かる。**従って、我々が生まれるということは、宇宙を構成する物質が高度に組織化されて集合体を形成するということであり、死ぬということは、組織化された物質の集合体の非組織化であり、身体を構成していた諸物質は離散し、宇宙へ帰還することである。地球上の生物は、地球上に存在する諸物質が高度に組織化された形態をとっているが、エロヒムの介入によって初めて地球上の物質は高度に組織化され、「生物」として形成されたのである。**エロヒムが生物を科学的に創造した時、彼らは生態学の要素を取り入れて生物を創造した。」（太字引用者）

時間においても空間においても「無限」の大宇宙の中では、私たちは、文字通り**「宇宙の塵」**にしか過ぎませんが、**私たちを創造したエロヒムは、物質を支配することが出来て「無限」も感じることの出来る生物として、私たち人間を創造してくれました。**

そして、人間を創造したエロヒムにおいても同じであり、エロヒムもまた**「宇宙の塵」**にしか過ぎませんが、**エロヒムを創造した創造者たちは、物質を支配することが出来て「無限」も感じることの出来る生物として、エロヒムを創造したのです。**

「宇宙の塵」にしか過ぎないエロヒムは、彼らの唯一の宗教である**「無限」の宗教**を持っており、五感を使って、「無限」の大宇宙を感じ取っているのです。

地球の全生命の創造主である「異星人エロヒム」が信仰している唯一の対象が、「大宇宙意識（無限）」なのです。

大宇宙の根本主体であり、大宇宙の根本創造主である「大宇宙意識（無限）」とは、唯一にして絶対、至高の存在であり、全知全能の「無限」の「想像力＝創造力《そうぞうりょく》」を持った「純粋意識」なのです。

物理的大宇宙の全ては、「大宇宙意識（無限）」が「想像＝創造《そうぞう》」したものなのです。

「大宇宙意識（無限）」とは、私たち人間が、神や仏という言葉からイメージするような概念を遥かに超えた、もっとスーパーな存在です。

「大宇宙意識（無限）」とは、私たち人間の祈りや願いを聞き入れてくれて、愛や慈悲の心で願い事を叶えてくれる存在でもなければ、私たち人間の行いに対して怒りを持ち、天罰を下すような存在でもありません。

「大宇宙意識（無限）」とは、私たち人間のことは元より、大宇宙の森羅万象の全てに対して、「永遠に無関心」なのです。

地球の全生命を「創造《そうぞう》」したのは「異星人エロヒム」であり、世界中の様々な宗教で語られている「神」とはエロヒムのことなのですが、**私たち人間の方が勝手に、「神」というものを「想像《そうぞう》」してしまった**のです。

「神」とは、不可視的で無形の超自然の全能の存在であり、愛や慈悲の心で私たちの祈りや願いを聞き入れてくれたり、そのまた一方では、私たちの悪い行いに対して怒り、天罰を下すような存在だと、**勝手に「想像《そうぞう》」してしまいました。**

「宇宙の塵」にしか過ぎない、私たち人間の小さな頭で、人間の尺度・物差しによって、**「神」というものを、自分に都合が良いように、勝手に「想像《そうぞう》」してきただけなのです。**

真実が啓示される時代、アポカリプス（黙示録）の時代を迎えて、全てを科学的に理解可能な時代を迎えた今、そのことにはっきりと気付くべき時を迎えています。

多くの人たちが考えているような「神」は、この大宇宙には存在していません。

地球の全生命の創造主は「異星人エロヒム」であり、宗教における「神」とはエロヒムのことであり、神界と呼ばれる世界は、エロヒムの世界のことなのです。

エロヒムは、地球に対しては「全能」ですが、時間においても空間においても「無限」の大宇宙の中では、**「宇宙の塵」**にしか過ぎません。

「宇宙の塵」にしか過ぎないエロヒムと、「無限」を結び付けることには全く意味が無く、この二つを明確に分けて捉えるべき時を迎えています。


地球の全生命の創造主は、「異星人エロヒム」です。

そして、大宇宙の根本主体・根本創造主は、「大宇宙意識（無限）」です。

「異星人エロヒム」が信仰している対象が、「大宇宙意識（無限）」になります。

私たち人類は、何千年もの長い間、「異星人エロヒム」を「大宇宙意識（無限）」と間違え、二つの概念を混同してきたのです。


地球の全生命の創造主は「異星人エロヒム」であることを理解し、彼らの偉大なる

帰還を実現させ、彼らの科学的知識を遺産として伝授される恩恵により、私たち人類の黄金時代、「花咲く都・黄金文明」、キリスト教の世界で言われる「至福千年王国」を花開かせることが大切になります。

そして、時間においても空間においても「無限」の大宇宙の中で、過去から「無限」に続いてきた「生命創造の営み」を、エロヒムから引き継ぎ、私たち人類もまた、他の惑星に行って生命を創造し、「天空から飛来した人々」と呼ばれるようになることが、親であるエロヒムに対する、最大の親孝行、恩返しともなるのです。

おわりに

本書『大宇宙意識（無限）と異星人エロヒム』をお読みいただいた感想は、如何でしたか？

私たち人類が、何千年もの長い間、地球の全生命の創造主にしか過ぎない「異星人エロヒム」を「大宇宙意識（無限）」と間違え、二つの概念を混同してきたことは、お分かりいただけたかと思います。

私たち人類は、何千年もの長きに亘って、「神」というものについて、二つの概念を混同してきたのです。

しかし、真実が啓示される時代、アポカリプス（黙示録）の時代を迎えて、全てを科学的に理解可能となる現代までは、それも必要なプロセスでした。

エロヒムが、神という「隠れ蓑」を使ったのは、エロヒムの壮大な計画の一部でもあり、全てを科学的に理解出来る時代を迎えるまで、私たち人類には、崇め奉る絶対的な神の存在は、むしろ、必要だったのです。

モーゼや仏陀、イエス・キリスト、マホメットなどの古代の預言者たちは、全てを科学的に理解出来る時代を迎えるまでは、**宗教という「松葉杖」**を必要とする人類の為に、エロヒムから遣わされた、偉大なメッセンジャーたちでした。

しかし、真実が啓示される時代、アポカリプス（黙示録）の時代を迎えて、全てを科学的に理解出来るようになった今、もはや、伝統的宗教が果たしてきた役割は、終焉の時を迎えようとしています。

近い将来、私たち人類が、神（エロヒム）を見る日が到来します。

エロヒムの偉大なる帰還が実現し、ヤーウェを中心とするエロヒムが、宇宙船に乗って、公式に地球を訪問する時代が到来するのです。

その時、イエス・キリストを始め、モーゼや仏陀、マホメットなど、古代の預言者たちも、一緒に地球にやって来ることになるでしょう。

私たち人類は、エロヒムの二五〇〇〇年も進んだ科学を遺産として伝授される恩恵により、地球の新しい精神文明「花咲く都・黄金文明」を花開かせることになります。

キリスト教の世界で言われる**「至福千年王国」**のことでもあり、私たち**人類の黄金**

時代が幕開けするのです。

そして、地球は宇宙時代を迎えます。

何れ、私たち人類も、他の惑星に出掛けて行き、生命を創造するようになるでしょう。

そして、他の惑星で生命を創造した時、今度は私たち人類が、「天空から飛来した人々」と呼ばれることになります。

時間においても空間においても「無限」の大宇宙の中で、過去から「無限」に続いてきた「生命創造の営み」を、親であるエロヒムから受け継ぎ、今度は私たち人類が創造者となる時を迎えるのです。


西暦二〇二三年（令和五年）春吉日　　竜宮音秘

主要参考文献・引用文献

『花咲く都・黄金文明』　竜宮音秘著　星雲社
『根本創造主（大宇宙意識）という唯一の実在』　大和富士著　表現社　文藝書房
『何故、未来は１００パーセント確定しているのか』　大和富士著　星雲社
『真実を告げる書』　ラエル著　無限堂
『異星人を迎えよう』　ラエル著　無限堂
『聖書』　財団法人日本聖書協会

参考文献・引用文献

『[謎解き]聖書』　戸来優次著　徳間書店
『複製された神の遺伝子』　戸来優次著　同朋舎　角川書店
『アムリタへの道』　気龍著　文芸社
『古事記』　講談社学術文庫
『コーラン』　中央公論社

著者紹介　竜宮音秘　リュウグウノオトヒメ

富山県出身。慶應義塾大学文学部卒業。

神国日本の新しい音楽である「竜宮音秘の調べ・神響き、天岩戸開きの祝いの神楽歌」を、天意により、作詞・作曲。

西暦２０３０年代に日本から花開く、次世代の地球の新しい精神文明「花咲く都・黄金文明」の実現に向けて活動を開始。大和富士から竜宮音秘に改称。

音楽アルバム：「虹の輝く世界へ」

「永遠（とわ）の中今」他
著書：「花咲く都・黄金文明」

「魂の夢、光り輝く魂」

「何故、未来は１００パーセント確定しているのか」他
竜宮音秘公式ウエブサイト　www.yamatofuji.com

大宇宙意識（無限）と異星人エロヒム

2023年7月1日　初版第一刷発行
著者　竜宮音秘
発行所　ブイツーソリューション
〒466-0848 名古屋市昭和区長戸町 4-40
電話　052-799-7391
ＦＡＸ　052-799-7984
発売元　星雲社（共同出版社・流通責任出版社）
〒112-0005 東京都文京区水道 1-3-30
電話　03-3868-3275
ＦＡＸ　03-3868-6588
印刷所　モリモト印刷
万一、落丁乱丁のある場合は送料当社負担でお取替えいたします。
小社宛にお送りください。
定価はカバーに表示してあります。

ISBN 978-4-434-32217-4